中國歷史

· 彩图易读版 ·

从远古至春秋

给孩子读的中国历史

宋诒瑞 著

Chinese
History
for
Children

北京理工大学出版社
BEIJING INSTITUTE OF TECHNOLOGY PRESS

版权专有　侵权必究

图书在版编目（CIP）数据

给孩子读的中国历史.从远古至春秋/宋诒瑞著.—北京：北京理工大学出版社，2019.4
ISBN 978-7-5682-6583-6

Ⅰ.①给… Ⅱ.①宋… Ⅲ.①中国历史－远古-春秋时代－儿童读物 Ⅳ.①K209

中国版本图书馆CIP数据核字（2019）第036350号

本书由新雅文化事业有限公司正式授权，经由凯琳国际文化代理，由北京理工大学出版社有限责任公司出版中文简体字版本，限于在中国大陆地区发行销售。非经书面同意，不得以任何形式任意重制、转载。

著作权合同登记号 图字：01-2018-6441

出版发行 /	北京理工大学出版社有限责任公司
社　　址 /	北京市海淀区中关村南大街5号
邮　　编 /	100081
电　　话 /	（010）68914775（总编室）
	（010）82562903（教材售后服务热线）
	（010）68948351（其他图书服务热线）
网　　址 /	http://www.bitpress.com.cn
经　　销 /	全国各地新华书店
印　　刷 /	三河市宏图印务有限公司
开　　本 /	889毫米×1194毫米　1/32
印　　张 /	6
字　　数 /	88千字
版　　次 /	2019年4月第1版　2019年4月第1次印刷
定　　价 /	33.00元

责任编辑 / 徐艳君
文案编辑 / 徐艳君
责任校对 / 周瑞红
责任印制 / 施胜娟

图书出现印装质量问题，请拨打售后服务热线，本社负责调换

目录

导读 /6

美丽的远古神话 /8

越来越聪明的原始人 /17

涿鹿大战 /25

华夏民族的始祖——黄帝 /32

勤俭爱民的尧 /39

忠厚孝顺的舜 /43

治水有功的禹 /48

少康复国 /56

奴隶当宰相 /62

甲骨文的故事 / 70

纣王的功与过 / 75

姜太公钓鱼遇文王 / 80

牧野之战 / 88

一心为国的周公 / 93

烽火戏诸侯 / 99

管鲍之交 / 105

曹刿长勺退敌 / 114

不自量力的宋襄公 / 121

公子落难十九年 / 127

秦穆公崤山封尸 / 138

楚庄王一鸣惊人 / 144

晏子使楚 / 149

伍子胥过关 / 158

孙武练女兵 / 163

吴越争霸 / 168

大教育家孔子 / 174

大事表 / 185

导读

　　中国，是一个有五千年历史的文明古国。你一定很想知道中国的历史是怎样开始的？最早的中国人是怎样生活的？为什么我们自称是"中华民族"，在这块辽阔肥沃的土地上，发生过一些什么事件？

　　早在远古时代，我们的祖先已开天辟地，组织社会，再改朝换代。虽然这些都是靠人们口耳相传的传说，但却让我们知道：中国是从原始社会进入奴隶社会（夏商周），从禅让制到世袭制，又从中央集权变成诸侯分割的春秋时代。夏朝已懂得灌溉并有青铜器。商朝

有了较完备的文字、制陶和纺织。春秋末期人才辈出，思想活跃，形成百家争鸣的局面。我们的祖先勤奋、聪明、勇敢，是值得我们自豪的。

《给孩子读的中国历史》系列丛书，采用简明有趣的讲故事手法，每本除精彩的故事和精美的彩色插图外，还辟有"思考角"和"知多一点"两大板块的内容，跟小读者分享对中国历史故事的看法和观点，并且延伸相关知识、介绍一些典故的出处等。希望小读者能以自己独特的视角体味中国历史。

1 美丽的远古神话

  天地是怎么形成的？人类是从哪里来的？在古代，人们还没有掌握科学知识之前，就凭想象编出了一些美丽而有趣的神话，来解释天地和人类的起源问题。这些神话的内容虽然荒诞，却告诉了我们：我们的祖先很早就相信人的力量是伟大的。你看，一个叫盘古氏（也称盘古）的人开辟了天地，女娲氏（也称女娲）又造了人和补了天，这不说明人比天地更伟大，劳动能创造一切吗？

  据说，在很久很久的远古时代，天地不分，整个宇宙就像一个浑圆的鸡蛋，混沌一片。在这个大鸡蛋的中心,藏着一个叫盘古的人,是人类的始祖。

盘古在大鸡蛋里孕育了一万八千年,他成熟了,像小鸡要破壳而出了。他睁开眼睛一看,四周黑糊糊的,什么也看不见,而且憋得他透不过气来。于是,他抓起一把巨斧用力一劈,只听得"哐啷"一声,这个浑圆的东西被劈成两半,其中轻而清的部分不断上升,渐渐成为高高的蓝天;重而浊的部分不断下降,形成了广阔的大地。盘古氏担心天地会再度合一,他便头顶天,脚踩地,撑着这刚开出的天地。天每天高一丈,地每天厚一丈,盘古的身体也每天长一丈,成为一个高大无比、顶天立地的英雄。

如此又过了一万八千年,天荒地老,不会再合拢了,盘古的任务已经完成,他就倒在地上,死了。可是他的死也给后代留下无穷的幸福——他呼出的气,变成

 小知识

斧:也称斧头或斧子,砍竹、木等用的工具。头呈楔形,装有木柄,古代也作兵器用。

美丽的远古神话

了风和云;他最终发出的叫喊,变成了雷霆;他的左眼成了太阳,右眼变成月亮,给大地带来光明;他的四肢和身躯,变成了山岳丘陵;他的肌肉,变成了泥土;他的血液,变成了江河湖海;他的头发胡须,变成了树木花草。盘古把这个天地变成了丰富多彩、美丽绝伦的世界。

但是,那时的天地间还没有人类,空荡荡的。后来不知道又过了多

少年,才出现了人类的另一个始祖,叫女娲,她一个人生活在天地之间,感到很孤独。

一天,女娲坐在水池边,瞧见水中自己的倒影,她想:"如果这天地间能有一些像我这样的生物,大家一起说说笑笑过日子,那该多好啊!"她顺手在池边用水和泥,按照自己身体的样子捏了一些小泥人。这些小泥

 小知识

女娲:传说中亦说女娲是人头蛇身的女神,神通广大,一天能变化七十次。

人一着地,被风一吹,变成了一个个会跑会跳会说会笑的活人。女娲高兴极了,她把他们称为"人"。

女娲一个接一个地继续捏泥人,捏得很累,她就摘下一根藤条随意地在泥浆里拖了一下,谁知溅出的泥点跌落在地上,也都纷纷变成了小人。于是女娲继续挥动藤条,制造了很多很多人。这些人围在女娲身边欢呼跳跃了一阵,便三三两两离开了。他们走向大地的各个角落,劳动、生活、繁殖后代,世世代代生存下来。

正当人们无忧无虑地在大地上生活的时候,灾难突然降临——支撑着天的四根柱子中的一根断了,天塌了一角,露出一个大窟窿;大地给撞崩了,裂缝中不断冒出烈火,森林起火了,鸟兽四散逃命;雨水冰雹和陨石从天上的漏洞中倾泻下来,造成汪洋大海,淹没了大地。原来美丽的人间,变成了水深火热的地狱。

女娲不忍心看自己的儿孙受苦。她在江河中采集了不少五颜六色的石块,用火把石块烧熔,用来填补塌了的那块天;她又宰了一只大龟,斩下它的四只脚,替换已经朽烂了的四根擎天柱;用草灰堵住了冒水的地缝;又杀死了许多猛兽,使人们能继续安定地生活下去。

这些虽然都是神话，却反映了远古时候人类社会的生活状况。科学家们通过研究知道，人类历史上确实有过一个母系氏族公社时期，反映在神话中，女娲成了人类的祖先和保护人。盘古开天辟地和女娲造人补天的神话，说明了人的力量可以胜天，这也正是人类不断进步发展的原因。

 小知识

藤条：某些植物的匍匐茎或攀缘茎，如白藤、紫藤、葡萄的茎，性柔软坚韧，可以编制箱子、椅子等。

陨石：流星在经过地球大气层时，没有完全烧毁的部分掉在地面上的叫陨星，含石质较多或全部为石质的陨星就叫陨石。

母系氏族公社：按照母系血缘组合的氏族公社，妇女在氏族中居支配地位，子女只认母亲不知父亲，也称"母权制"。

思考角

关于宇宙的形成、人类的起源,除了我们中国的神话传说,世界上还有哪些呢?

世界各地各种宗教的人们都创造了关于宇宙和人类起源的种种神话传说,以下列举了其中一些创世神话。

挪威神话	宇宙本是一个炽热的和一个冰冻的大陆,巨人尤弥尔是最早的生命,死后他的身体形成了地球上的万物。
波斯拜火教神话	至高之神阿胡拉创造了世界,并种下一棵大黄叶柄植物,最后成长为最早的一对男女人类。
巴比伦神话	天神恶战中,女神提阿玛特死后,身体不同的部分形成了天地和山脉。
埃及神话	最初世界是混沌的,天神嘴里吐出一对男女来建立世界秩序,天神的眼泪则掉在地上成为一个个人。

续表

古代墨西哥阿兹特克族神话	可怕的地球母亲生育了月亮女神和四百个儿子，又生育了战争和太阳神，引起一场混战。
日本神话	由神祇伊邪那岐和伊邪那美，在海洋中创造出日本岛，并生育后代。
印度神话	宇宙由三神创立：梵天、毗湿奴和湿婆。其中梵天创造了万物。
希腊神话	原始宇宙处于混沌状态，大地女神盖亚创造了众神，其中普罗米修斯创造了人类。
犹太教和基督教的《圣经》记载	上帝在六天内创造了天地、行星、太阳、月亮和所有的动物，第七天创造了伊甸园和亚当、夏娃，两人偷吃了禁果，被贬为凡人，并孕育后代。

这些神话都认为宇宙原是一片混沌，这与现代天体科学家们的研究结论是相符的。至于人类及万物的产

生，因为古人找不到科学的原因，所以都认为是有天神在创造一切的，这在当时的条件下也是唯一可能的解释了。

2 越来越聪明的原始人

据考证，大约从一百七十万年以前起，在中国的广大土地上就有了远古人类在活动。那么，最早的中国人是怎么样的？他们住在哪儿？过着怎样的生活？古代还没有发明文字，现在我们只能根据世世代代流传下来的种种传说，以及考古学家从地下挖掘出来的大批古文物，来推测史前时代人类的面貌和生活状况。

小知识

史前时代：指没有书面记录的远古时代。文字的发明不过是四五千年前的事，在此之前的一段漫长的时期均称为史前时代。

事情要从上世纪初一位德国教授的研究工作说起。

1903年的某一天，德国的考古学家斯罗塞教授正在慕尼黑大学内他自己的办公室里埋头工作。

教授刚刚收到了一批来自中国的化石，他正在逐一研究着。这批化石中，大部分是一些古生物的骨骼化石，教授在辨认后分门别类归放好。忽然，一块不大的化石吸引了教授的注意，教授一眼就看出，这不是普通的骨骼化石，这是一颗牙齿化石。教授把它拿在手中反复端详，用放大镜仔细观察，他的心开始兴奋得狂跳——他初步断定，这是属于远古人类的牙齿化石！

斯罗塞教授马上把自己的发现告诉了其他几位学者，学者们研究后一致认为这是件极为重要的古文物，必须立即找出它的老家。他们组成了考察团来到中国，与中国的考古学家合作，经过多年的辛苦找寻，最终确定这颗牙齿化石的老家就在离北京不远的周口店村。

1927年4月起，在周口店开始了有组织、有计划的考古工作。工作进展得十分顺利，几个月内就挖掘到古人类的几颗发育程度不同的牙齿，以及一些破碎的成人头骨、下颌骨等。两年后考古队的一项发现惊动了全世界——中国考古学家裴文中在周口店的一个洞穴中挖掘到一个相当完整的原始人头骨,这在世界考古史上是一件罕有的大事。

◀ 猿人

在周口店发现的原始人头骨,是属于五十万年前的原始人的,这种原始人前额后斜,眼睛深凹,鼻子宽大,颧骨突出,上颌外倾,下颌后缩,跟猴子十分相像,所以被称为"中国猿人"或"北京人"。由此证明五十万年前,在中国境内就有原始人居住。在此之后,又在云南发现了一百七十万年前的元谋猿人遗骨,在陕

小知识

化石：古代生物的遗体、遗物或遗迹埋藏在地下变成跟石头一样的东西,研究化石可以了解生物的演化并能确定地层的年代。

猿人：生存于约三百万年至五六十万年以前。体形接近猿类,头盖骨低平,眉脊粗大,典型代表是北京猿人和爪哇直立猿人。

西出土的蓝田猿人，大约有八十万年的历史。这些都证明了原始人是在中国境内原有的，并非像一些西方历史学家所说，是由古埃及、巴比伦或是中亚迁移来的。

原始人是如何生活的呢？

从以上一些地方的洞穴中，除了发现原始人的遗骨之外，还挖掘出大量兽骨、木炭、灰烬、种子、果核、石器和骨器等。由此可以推断出：在相当长的一段时期内，原始人以渔猎为生，使用最简单的石制工具如**手斧**、石刀等获取食物，不会熟食，过着**茹毛饮血**的群居生活。晚上，他们睡在毫无遮蔽的旷野，常受猛兽的滋扰，生存率很低。

后来，有人从树上的鸟窝得到了启发，教大家在树上搭个小屋睡，人们尊称这位发明者为"有巢氏"。以后人们又学会利用天然洞穴来居住，这样更能防御风雨寒热和毒蛇猛兽的侵袭，居住安全稍有了保障。

人们观察到雷电或火山爆发引起的大火不仅可以取暖、吓跑野兽，而且被火烤熟的兽肉喷香可口、易于消化。可是，怎样能取到火种呢？有人见到鸟用尖喙啄树干时会发出火光，就试着敲打**燧石**，或用燧石来钻一些坚硬的木头，往往能生热冒烟，迸出火星。火的使用是人类生活中的一次大飞跃，熟食使人们减少疾病，加速大脑发育，又使人们大大增强与自然抗争的能力。所以人们尊称发明取火的人为"燧人氏"。

有人见到蜘蛛结网捕食，便模仿用绳结成大网捕捉野兽和捕鱼。捕来的鸟兽一时吃不完，便饲养起来。此项发明的人被称为"伏羲氏"。

又有人发现掉在地上的谷子第二年会长出更多谷，于是人们就大量栽种，粮食有了保障。教人们种植的人被尊称为"神农氏"。他还尝遍各种植物，找出草药来为人们治病。

后人把传说中这些杰出的部落领袖称为"皇"。至

 小知识

手斧：旧石器时代初期的工具，把石块敲打成一端尖锐一端钝厚的扁形器，用以挖掘和砍伐。

茹毛饮血：连毛带血地生吃禽兽。"茹"就是吃的意思。

燧石：俗称火石，一种结晶体矿石，质地坚硬呈灰黑色，似刀般尖锐，敲击时能迸出火星。

于"三皇"指的是谁,说法很多,但他们的故事反映了原始社会生产力的发展和社会经济的变化,也说明了我们人类的祖先在与大自然的斗争中,正变得越来越聪明,原始人正一步步向文明社会迈进!

思考角

故事中提到的在云南发现的元谋猿人是一百七十万年前的原始人。在这之后,还曾在多处发现了更早的原始人遗骨,究竟人类最早的发源地是哪儿呢?

近年来按发现的时间顺序来看,有以下几件大事:

1974至1975年,考古学家在非洲坦桑尼亚北部的一条河畔,发现了距今三百多万年前的早期人类遗骨化石,他们有灵巧的双手可以采集果实和打猎。

2007年,法国古生物学家在中非查德发现"图迈"人类头盖骨,距今有七百万年的历史。

越来越聪明的原始人

2015年,美国亚利桑那大学研究队宣布,在非洲埃塞俄比亚发现了距今二百八十万年的原始人类的化石。

到目前为止,关于人类起源的问题在学术界仍没有统一的看法。但是多数科学家认同的是:非洲大陆激烈的地壳运动造成东非山谷的大分裂,部分古猿只好从森林迁移到陆地生活,从在非洲发现的原始人类化石来看,可以说非洲是人类的发源地之一。

3 涿鹿大战

群居的原始人渐渐形成一个个有血缘关系的氏族，氏族不断扩大或合并，形成部落，几个部落联合起来成为部落联盟，也叫部族。四千六百多年前，在我国黄河、长江流域一带住着许多部落和部族，其中最强大的有三个：神农、有熊、九黎。他们之间为了争夺居住地，时时发生争斗。

在著名的涿鹿大战之前，首先在黄河中游地区发生了一场小规模的战斗。

战斗的一方是神农部族，他们本来居住在黄河流域的西北方，首领就是神农氏，也称炎帝。为什么人们叫他炎帝呢？你看，"炎"字不是有两个"火"字吗？原来暗喻神农氏带领大家烧荒开垦土地，播种五谷，所到之处就有烈火炎炎燃起。

神农部落的农产品很多，他们常常把多余的粮食蔬菜拿出来交换，规定"日中为市"，这是人类最早的商业活动。

可是，这一带的荒地渐渐被开发完了，炎帝见黄河中游地区土地肥沃，取水也方便，便带领族人向东南迁移。谁知这一迁移却引发了一场战斗。

炎帝和他的族人们来到黄河中游流域，见这里平原广阔，水草茂盛，忍不住连声赞叹："好地方！好地方！"

众人正在高兴之际，只听得身后响起一片呐喊声，回头一看，不禁大吃一惊。

只见黑压压的一大群人，正向这边飞奔而来。好吓人呀，他们披头散发，脸上涂得五颜六色，赤裸着上身，腰间围着树叶编成的短裙，看来凶猛无比；更可怕的是，他们人人手里举着长长的棍棒，还有很多种不知名的武器，呐喊着、呼啸着，直冲而来。冲在最前排的数十个人更是长得如猛兽一般可怕。

炎帝见来者不善，赶快命令妇婴老弱后退到安全地带，青壮年就迅速组成队伍迎战。

可是，炎帝部族只有一些短柄的石刀石斧，只能用来在短距离内杀伤敌人，哪敌得过这批似猛虎下山的敌人？一经交手，神农部族就败下阵来，死伤无数。炎帝不得不带领族人停止了东进。

与神农交战的那一方是谁呢？为什么他们是如此凶猛呢？

原来这是住在东部的九黎族，他们的首领叫蚩尤，十分强悍。蚩尤有八十一个兄弟，个个具有猛兽般的身体，铜头铁额，能吃沙石，凶猛得很。九黎族占有大批盐地，为人们制造生活必需的食盐，也用盐来控制其他部族。他们又发明了炼铜制造武器，拥有刀戟弓弩等各

小知识

日中为市：人们到了太阳在天空正中的正午时候出来赶集，进行交换。因为古时尚未有钟点的概念，只能以太阳的位置作标志。

弩：古代兵器，一种利用机械力量射箭的弓。

种各样的兵器，正是如虎添翼，锐不可当，附近的部族都很惧怕他们。这次神农部族想来占据九黎族的地盘，当然被打得落花流水，一败涂地。

炎帝不甘心失败，就跑到有熊部族去寻求援助。有熊部族居住在黄河流域中部，他们有一位杰出的领袖姓姬，名轩辕，人们又称他为黄帝，因为他是出生在黄土高原的缘故。黄帝聪明能干，领导部族人民从事农业和畜牧业，所以很多部族都来依附他，势力一天天强大起来。

炎帝来请黄帝帮忙去攻打九黎族，黄帝早就想为各部族除去这个祸害，便一口答应，联合各部族，积极准备人马，制订作战方案，打算与九黎族决一死战。

黄帝和炎帝带领族人用坚硬的玉石磨制了许多尖锐的刀斧利器，又训练了虎、豹、熊、罴等猛兽；并把部队分成几个支队，分别用虎、豹、熊、罴命名。

炎黄部族和九黎部族的大战终于在涿鹿爆发了。

蚩尤和他的八十一个弟兄威风凛凛地站在队伍最前列打头阵。凭以往的战斗经验，他们根本不把这炎黄部队放在眼里。

谁知,随着一阵呐喊声起,首先,从对面炎黄部队中冲出一群猛兽,向九黎部队直扑过来。这批经训练的猛兽已被饿了两天,正是饥肠辘辘的时候,一经放出笼子就冲进九黎人中,张牙舞爪地见人就扑杀咬噬。九黎部队没料到有这一着,顿时乱了阵脚,被猛兽扑倒无数。

接着,虎豹熊罴队的首领们披着兽皮,带领队伍也冲了上来大肆砍杀。九黎族人虽然野蛮凶悍,但也敌不过炎黄部队这真假兽阵的凌厉攻势,在这第一回合中败下阵来。

蚩尤的弟兄中也死了好几个,蚩尤气得双脚直跳。他想了一条计策:命令士兵放火烧树林。因为当时天气潮湿,林中的火一烧,形成了浓密的烟雾,蔓延好几

小知识

罴:熊的一种,哺乳动物,毛一般是棕褐色,掌和肉可以吃,皮可以做被褥,胆可以做药。

涿鹿:相传在现今山西省安邑附近,另有一种说法,认为是现今河北涿鹿县。

里路。

炎黄部队正想乘胜追击,忽见营地前一片白雾正悄悄包围过来,不多一会儿,前面竟是一片白茫茫的大雾,不能辨别前进的方向。这大雾竟持续了三天三夜,弄得炎黄部队不但看不清敌人,就连自己人也互相失散了。

黄帝赶紧和几位大将聚在一起,发明了一种指南车,用它来认定蚩尤大本营的所在方向,发动了猛烈的进攻。

蚩尤和弟兄们正在营内喝酒取乐,为自己所制造的

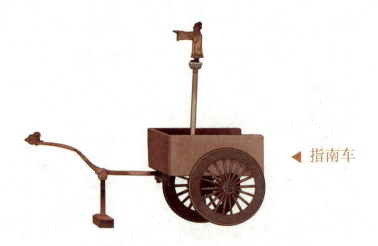

◀ 指南车

大雾扬扬得意，蚩尤扬言："这下他们被困在雾里动弹不得，再过两天，等他们粮食也吃完，无路可走，我们就能轻易地把他们消灭干净！"

蚩尤万万没想到，炎黄部队已冲到他的大本营前。他的笑声未停，就已经被打翻在地，做了俘虏。

黄帝砍了蚩尤的头，把九黎族并入了黄帝部族。一部分不愿投降的九黎残部逃到南方沿海及海岛上，成了黎族的祖先。

指南车：又名司南车，是根据磁石的指极性制造而成的一种小车，车上立着一个小人，无论车怎么转动，小人的手总是指向南方。

4 华夏民族的始祖——黄帝

涿鹿大战后,黄帝的声名大振。之后炎帝和黄帝部族也发生了冲突,他们激战了三天三夜,炎帝部族大败,合并入黄帝部族,这个炎黄部族就是华夏民族的雏形。黄帝成为部族联盟的共主,历史学家把他说成是中国历史上第一个能干的领袖,是华夏民族的祖先。

为什么这样说呢?

因为从各个方面来看,黄帝为日后中华民族的发展奠定了基础,中国的疆域在黄帝时代较为确定,具备了国家的规模;中国的历史从黄帝时代起也比较有系统了;中国的古代文明,大至社会制度、文字的创造,小至日常用品，也都在黄帝时代发明和产生了。

　　黄帝当了部族首领后，首先带领人们改变了游猎生活，教人们建造房屋，在黄河流域定居下来。那时人们盖房的材料已经不是树叶树枝，而是木材、泥土和石块了，这样，房屋更为坚固耐用，改善了居住条件。在交通方面，黄帝教人们造桥铺路，又发明了轮子和车辆，使人们可以走向较远的地方；为了便利黄河两岸的交通，又发明了独木舟，用以渡河，或在河中行驶。在食的方面，黄帝教人们驯养家畜，种植五谷，增加了食物的品种，并提高了质量。你们看，"家"字的构造不就是在屋顶下养着一头猪吗？说明当时饲养家畜是很普遍的，没有养猪就不称其为"家"呢！

　　黄帝解决了人们日常生活的大部分问题，但还有一件事困扰着他，使他忧心忡忡，那就是人们的衣着问

共主：部落联盟的领袖，是由部落间遵循着一定程序推选出来的。
独木舟：将树木挖空做成的小舟，用桨划行。

题。那天,黄帝和他的妻子嫘祖在树林中散步,他见到落叶满地,感叹地说:"眼看一天比一天冷,冬天就要来了,大家还只是用树叶串起来披在身上,怎么能抵御寒冷呢?到时候不知又要冻死多少人呢!"

嫘祖是个聪明贤惠的妇人,事事支持丈夫,是黄帝的好帮手。她也紧锁双眉发愁:"你看,树叶快要掉光了,采集叶子也变得越来越难!"

黄帝说:"总得另外想个办法才行,可以用些什么来代替树叶呢?"

嫘祖望着树枝出神,忽然她想起了什么,对黄帝说:"对了,有一次我看见一种虫爬在树上,真奇怪,从它嘴里不断吐出一种又白又亮的细丝把自己紧紧缠了起来,我拉过这种丝,想不到它很坚韧,不容易断。我们能不能用这种丝来做些什么呢?"

黄帝一听很感兴趣,便叫嫘祖带他去看看。他们来到一棵树旁,见树枝上有很多白色的茧,黄帝取下一个茧,抽出一根丝来看了看,大声叫起好来:"我们可以用这种丝来做衣服穿!"

嫘祖把这种虫叫作"蚕",她教妇女们养蚕缫丝,染色织布，把野蚕的丝织成五颜六色、又轻又软的绸缎和绢布。美丽的中国丝织品日后独霸世界四千多年，所以人们尊嫘祖为"先蚕娘娘"。

除此以外，人们又学会了用泥土塑成胚，放在火中烧成各式陶器，用来盛水和储物，这给生活上带来极大的便利。当时的人们已经懂得音乐，发明了磬、鼓等乐器，用竹子做的校音器能发出十二个音来调校各种乐器的音高。人们还懂得用药来治病，有一本叫《黄帝内经》的医书流传到现在，是中医学的基础理论书，

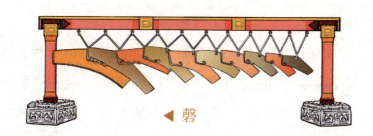

◀ 磬

 小知识

蚕：一种昆虫。幼虫能吐丝结茧，茧丝可用作纤维资源。
磬：用石或玉雕成，悬挂于架子上，敲击出声。

听说是一个叫岐伯的大夫写的。黄帝常常和岐伯讨论医术,所以医术被称为"岐黄",中医尊他们为医学始祖。

对人们的生活影响最大的,要算是黄帝时代文字的发明了。以前,人们记事用两种方式,一是结绳,遇到大事,就在绳上打个大结,小事就打个小结;另一种是在石头、木片或兽骨上画线,长线代表大事,短线代表小事。但是绳结和线条一多,也就记不清所代表的是什么事了。后来人们便用画图来表达意思,但是因为每人的画法不一样,容易产生误会,也还是不方便。

传说黄帝时代的一位史官仓颉从地面上留下的鸟爪和马蹄印得到启发,花了不少心思,把各地流传的图画统一起来,创造了一套表达思想的符号,即为**象形文字**,比如:☉代表太阳,☽是月亮;河流是〣,山是⛰。这样一来,大家都能够互相沟通了,可以用文字记载事情,互通信息,并由此发明了用算术计数及计算年月日的历法。文字的发明使人们可以把知识和经验完整地记录下来,传播开去,从此人类文明的发展进入一个新时代。假如没有文字,我们今天就根本不可能知道发生在四千多年前的这一切!

当然,这一切发明都不可能是某一个人在某个时代完全做到的,只不过是后人尊敬黄帝,所以把历史上的许多发明都算在他的名下了。所有这些伟大的发明,解决了人类赖以生存的衣食住行问题,使社会突飞猛进,人们开始过文明的生活。所以黄帝在中国历史上受到无比的尊敬,直到今天,我们一直把黄帝奉为始祖,称自己是"炎黄子孙"。为了纪念这位传说中的共同祖先、中华民族的杰出代表,后代人在现在的陕西黄陵县北面的桥山上造了一座"黄帝陵",每年有不少华人从海内外前来拜谒。

炎黄部族定居在地居四方之中的中原地带,他们又

象形文字: 是由图画文字演化而来的一种最古老的字体。与表音文字不同,象形文字属于表意文字。

全是华族，所以人们就把这地区称为"中华"，它是中国文化的摇篮。后来中原文化扩展到全国各地，华族也和其他民族不断融合，"中华"就成了代表中国的名称，"中华民族"成了中国境内各民族的总称。

5 勤俭爱民的尧

中国历代帝王都是把王位传给儿子,儿子又传给孙子,至高无上的王权不落外人之手,只能祖传。但是在远古时代的原始社会里,却出现过大公无私的"禅让制",是否意想不到呢?

黄帝在位一百年间,风调雨顺,国泰民安,部族人

小知识

禅让制:就是帝王把王位让给贤明、有才能的人,而不是传给自己的子孙。

民过着安居乐业的生活。黄帝之后，先后出现了四位部族联盟领袖，史书上称这五位共主为"五帝"，其中最后一位是十六岁的尧。

尧是一位勤俭爱民的好君主，他自己的生活十分朴素，住在用粗糙木头架起的茅草屋里，墙上连石灰也不涂；吃的是糙米饭和野菜汤；穿的是粗麻布做的衣服，不穿到破烂不堪绝不丢弃；用的是土碗陶钵。有人曾感叹说，恐怕连守门小吏过的生活也比这位君主好呢！

尧对百姓非常关心。他亲自耕田捕鱼，和百姓一起劳动。他见到农民往往因掌握不好气候而误了农时，便制定了历法，规定一年为三百六十五日，分为春夏秋冬四季，根据季节特点而安排农牧业生产，大大促进了经济发展。他关心百姓的疾苦，假如有一个人没饭吃，尧就说："这是我的错，使他饿肚子。"假如有一个人挨冻，尧就说："这是我的错，使他没衣服穿。"假如有一个人犯罪，尧就会说："这是我的错，没有好好教导他。"他主动承担一切责任，从不责怪别人。他还广开言路，乐意听取百姓的意见来改进工作。他在自己门口放了一面大鼓，谁都可以来敲鼓要求接见，说说自己的不同意见和新的主张。他又在门口立了一根木头，凡是有人认为尧做错了事，都可以立在木头旁边公开指责他的错误。尧就是这样一位开明的贤君，所以百姓都很敬爱他。

　　不幸的是，尧在位的时候中国发生了多次大灾。先是有一次大旱灾，之后又是可怕的大水灾，持续达二十二年之久。天降暴雨，黄河流域洪水泛滥，淹没了庄稼，冲毁了房屋，造成很多人流离失所。尧心里焦急万分，召开议事会与各部族首领商量对策。大家一致推选了夏部族首领鲧去治理洪水，因为他曾经在部族居地用堆土堵水的方法治过几个地方的水灾。可是鲧用了九年时间，没能把洪水治服，因为他采用水来土掩的老方法，筑了很多堤坝，被挡住的洪水转涌到别处，又造成河道的淤塞，水灾反而更严重了。尽管如此，百姓对尧

小知识

糙米：稻谷脱了壳而未舂的状态，较白米粗糙。
陶钵：用陶制成的盆状器皿，通常被僧徒用来做餐具，质地粗糙。

还是十分拥护。

　　尧在位七十年。到了八十六岁那年，他觉得自己年老力衰，要找一个继位人了。百姓们希望尧把王位传给他的儿子，但是尧觉得自己的儿子丹朱不成才，应该把王位让给更聪明能干的人，不一定是自己的亲人。尧召开议事会，并向各地发公告，要大家推荐理想的继承人。后来大家推举了才德兼备的舜，尧还郑重其事地对他进行了严格的考验，觉得满意了，才把联盟共主的职位让给他。舜年老之后，也依照这个办法，不把王位传给儿子，而是传给大家所推举的禹。后人就把尧舜的这种禅让行为称为"天下为公"，一直传为美谈。

6 忠厚孝顺的舜

受到四方部落一致推荐为共主的舜，究竟是怎样的一个人呢？

舜其实是个纯朴厚道的农民。他的父亲是个瞎子，母亲在生下他不久后去世了。父亲又娶了一个女子，生下儿子象。瞎爸爸宠爱这个好吃懒做的小儿子，不喜欢舜，总想找个机会把他害死，让象一个人继承财产。生性笃厚的舜对此一点儿也不介意，他非常孝顺他的父亲，对后母和弟弟象也很好。乡里邻居都知道舜的仁孝，名声渐渐传播开去。

尧听了人们的介绍后，决定还要亲自考验一下舜，看看他是否真的如同传说的那么好，是否够资格当继承人。尧把自己的两个女儿娥皇和女英嫁给舜，观察他怎样治家；又叫九个儿子和舜一起生活，观察他怎样待人处世；并派舜到各地去和百姓一起劳动。

舜带了妻子到历山脚下去种地。本来那里的农民常为了争夺土地而闹不和，后来受了舜的德行的感化，大家变得豁达大方，互相谦让田界，又能互助合作了。舜到雷泽去捕鱼，不久，那里的渔民也不再争夺房屋和渔场，而是和睦相处了。舜也很能干，他去河滨烧制陶器，指导陶工改良制作方法，使那里生产的粗劣陶器一跃而成为精美耐用的佳品。所以百姓都愿意跟随他，他住的地方，一年就形成一个小村庄，两年成了一个小市镇，到了第三年简直就是一座小城市了。

尧见到舜这么出色，非常高兴，便赏赐给他新衣服和一张琴，还派人为他建了囷仓，送给他一群牛羊。舜的瞎爸爸和异母弟弟象见到舜显贵起来，十分嫉妒，便又起了坏心想害他。

瞎爸爸叫舜爬到囷仓顶上去修仓顶，舜刚爬上去，象就抽掉梯子，放一把火烧囷仓。熊熊大火燃起来了，情势很危急。好在舜的妻子早就识破这个阴谋,她们叫舜带两个斗笠上仓顶去工作。这时,舜就一手高举一只斗笠,好比长了两只翅膀,从高高的仓顶跳了下来,毫发未损。

过了几天,瞎爸爸叫舜去挖井。等他挖得很深了,就把泥土石块倒进井里,想活埋舜。他们没想到聪明的舜已在井底另挖了一条小道,从这小道爬出来了。象以为这次舜必死无疑,就跑到舜的家,坐在舜的椅子上,叮叮咚咚弹起琴来。见舜安然回家,象大吃一惊,假惺惺地说:"你怎么挖井挖半天也不上来,急死我了!"舜一点也不责怪他,反而说:"好弟弟,你这样关心我,真是一父所生的亲兄弟呀!"

虽然发生了这些事,舜还是像过去一样和和气气地

小知识

困仓:贮藏谷物的圆形仓库,有两、三层楼高。
斗笠:用以遮阳光和雨的帽子,有很宽的边,用竹篾夹油纸或竹叶等制成。

对待父母和弟弟，于是他们也不敢再暗害舜了。

尧听说了舜的这些事后，认为舜的确是个品德好又能干的人，对他很满意，就把治理天下的大权交给他，叫他到朝廷来做官，先后担任过各种职务，舜都完成得很好，把政事处理得井井有条，尧就放心地带一班人到各地去巡视。舜帮尧治理国家二十年，这时尧已一百多岁了，从外地视察回来后，就把部族联盟领袖的职权全部让给了舜，自己退居一旁养老。舜即位八年后，尧去世了，舜正式当了联盟共主。这时他已六十一岁，接受锻炼整整有三十一年之久，可见尧在确定接班人时，是多么慎重啊！

舜即位后，仍旧保持生活的俭朴和勤劳工作的本色。他回家乡去探望父母时，对父母仍是十分孝顺恭敬，又把弟弟象封作一地的诸侯。象被哥哥的仁爱宽容所感动，渐渐改去骄横粗暴的劣性，成为一个有用的好人。

舜在位几十年，和尧一样努力工作，把天下治理得比尧在位时更好，为百姓做了许多好事。到了年老时，他也和尧一样，不把职位传给只知享乐的儿子商均，而是传给治水有功的禹。

　　舜晚年时,也到处去巡视。当他巡视到苍梧地区时,得病去世了。噩耗传来,百姓悲痛万分,比死了自己的父母还要伤心。他的妻子娥皇和女英马上奔丧到南方,一路不停地哭泣,传说她们的眼泪洒在南方的竹林,在竹叶上凝成斑斑点点的美丽花纹,后人就叫这种有斑纹的竹为"湘妃竹"。人们把舜埋葬在苍梧的九疑山,把他的坟墓叫作零陵。

苍梧地区:今广西壮族自治区东北部和湖南省南部一带。

7 治水有功的禹

大禹治水的故事,大家已经<u>耳熟能详</u>了。大禹正因为治水有功,被舜定为继承人,创立了中国历史上第一个王朝——夏朝。

记得吗?上文讲过,尧在位的时候,黄河流域发生大水灾,连续二十二年,尧派鲧去治水,徒而无功。舜代替尧治理国家期间去检查鲧的工作,见到鲧对洪水束手无策,反倒浪费了大量人力物力,便把鲧处死了,命令鲧的儿子禹继续治理洪水。

禹是个聪明勤劳的人。他奉命去治水时,刚结婚才四天。他决定首先要进行实地考察,弄清楚水灾形成的来龙去脉。于是他带领大批助手踏遍了全国闹水灾的几个地区，跋山涉水，测量地势，树立标志，取得第一手资料，再根据这些资料制定治水方案。

吸取了父亲鲧治水失败的教训，禹决定采用筑堤堵水和疏通河道相结合的办法来对付洪水。他在调查中发现在山西和陕西两地之间有一座高山正好挡住了黄河的去路，奔腾的河水流到这里找不到出路就冲堤而出，四处泛滥成灾，淹没了大片土地。禹认为这是治水的关键，在这里把山凿一个缺口，替黄河找一条出路，滔滔黄河水就能通过缺口流向下游。他还见到很多河道因淤泥积聚而变窄，河水不易通过而成灾，就带领大家疏通河道、开渠排水。就这样，禹把父亲的防堵法改为疏导法，让黄河、长江、淮河的水顺畅地流入大海，洪水问题就得到了解决。

耳熟能详：听的次数多了，熟悉得能详尽地说出来。
来龙去脉：山形地势像龙一样连贯着，本是迷信的人讲风水的话，后来用以比喻人、物的来历或事情的前因后果。

治水有功的禹　49

治水过程中，禹事事亲力亲为，他带助手来到水灾最严重的地方，和百姓一起干。禹头戴箬帽，身披蓑衣，拿锹子带头挖土。日子一久，他的手掌和脚底长满老茧，脚趾甲都被水泡久而脱落，小腿上的汗毛也掉光了。他经常顾不得洗脸梳头，蓬头垢面地辛勤工作。吃的是粗糙的食物，穿的是补了又补的破旧衣衫，夜晚常常露宿野外，铺些草叶作床，过着极为艰苦的生活。

禹一共花了十三年的时间才把洪水治好。十三年中，他曾三次路过自己家门，都没顾得上进去看看。第一次经过家门时，禹听见新生儿子启在哇哇地哭，他的助手都劝他进去看看，他多么想去亲亲儿子啊，但为了不耽误时间，他没有进去。第二次经过家门口时，妻子抱着孩子站在门旁，孩子向禹挥手叫爸爸，禹只是深情

小知识

箬帽：箬竹，竹子的一种，叶大而宽，用箬竹叶编织的大沿尖顶帽叫箬，农民多用作防雨防日晒。

蓑衣：用草或棕毛制成的雨衣，无袖，似斗篷般披在身上。

老茧：手、脚上因摩擦而生的硬皮，也叫作"趼"。

地向他们挥了挥手。第三次经过家门时,儿子已是十岁出头的大孩子了,跑过来把他往家里拉,禹慈爱地摸摸他的头发,叫他告诉妈妈治水工作很忙,他没空回家,又匆匆离开了。禹一心治水,三过家门而不入的事迹一直被传颂,人们尊敬地称他为大禹——伟大的禹。

禹不仅治好了洪水,还指导人们如何利用水发展农业生产。他教住在低洼地区的百姓种植水稻;在那些离河较远的干旱地区,他教百姓凿井取水灌溉庄稼,避免饥荒。他还教人们交换农产品,互通有无,促进了市场交易。

舜年老时,将德才兼备的禹立为继承人。舜病死后禹就正式接替联盟首领的职位,这就是夏朝的开始。

那时,社会生产力有很大发展,人们生产的东西除了维持生活所需之外,有了剩余。氏族、部落、部族的首领们就把这些剩余产品作为自己的私有财产,财产多的人就成了贵族。另外,部落之间打仗时,捉了俘虏后不再杀掉,而是把他们当作奴隶,为贵族服役。这样,原始的氏族社会瓦解了,开始了奴隶和奴隶主对立的奴隶社会。

为了掠夺更多的财富和奴隶，禹向南出兵，打败了居住在那里的苗族，俘虏了很多人当奴隶。这时，夏朝的势力向南已达到长江流域。

为了更好地管理全国的领土，禹把全国划分为九个州，并用青铜铸了九个大鼎，来代表他所统治的九州岛，这九个鼎就成了国家政权的象征。

禹死后，儿子启即位，开始了父传子、兄传弟的王位世袭制。夏朝自公元前2070年开始，持续了四百七十年，统治中心在现今河南西部，势力范围达到黄河南北及长江流域。"夏"就成了中国或中国人民的总称，"华夏"成了汉族的自称。

 小知识

鼎：古代以其为立国的重器，多用青铜制成，三足两耳，圆形，也有长方四足的。后来人们也用其做炊器。

世袭制：指帝位、爵位等世代相传的制度。

思考角

《朝代歌》是一种顺口溜，版本很多，但大多提到"三皇五帝"。究竟"三皇五帝"具体指的是哪些人物？

"三皇五帝"，并不是真正的帝王，而是原始人进化过程中做出卓越贡献的部落首领，后人追尊他们为"皇"或"帝"。当时钻木取火煮食、发明结网捕兽进而饲养、耕地播种取得粮食，这三项是人类向文明生活迈进最重要的步骤，因此燧人氏、伏羲氏、神农氏（也即炎帝）就被尊为"三皇"。"五帝"一般认为是杰出能干的部族领袖黄帝、颛顼、帝喾（以上三位都是世袭制继位的），以及实行"禅让制"的英明君主尧、舜。

《朝代歌》*

三皇五帝夏商周,春秋战国乱悠悠。

秦汉三国东西晋,南朝北朝是对头。

隋唐五代又十国,宋元明清帝王休。

*《朝代歌》版本各有不同,以上一首较为普遍,仅供参考。《朝代歌》是一种顺口溜,有助于记忆中国各个朝代名称。

8 少康复国

禹临死时，本来是选定了贤良的益继位的，可是他的儿子启不甘心，他暗中联络了一班心腹，杀了益，用武力夺了王位，由此开始了"家天下"的局面。

夏启死后，他的儿子太康即位。太康很不争气，整日喝酒取乐，不问政事。有一次甚至在外打猎一百天都不回家。

这时，黄河下游的东夷族渐渐强大起来了。他们的首领叫后羿，是个出名的神箭手，他的野心很大，想夺取夏王的权力。见太康长期在外面打猎不归，后羿就乘机出兵占领了夏朝的首都安邑。他自己还不敢做王，拥太康的弟弟仲康当了傀儡王,他掌握实权主宰一切。

后羿也是一个喜欢打猎玩乐的人,不善于管理国家大事,于是他把大权交给亲信寒浞。寒浞是个专会献媚、野心勃勃的家伙,他买通了后羿的家奴,把后羿灌醉后杀死,自己霸占了后羿的家产,掌了大权。

再说傀儡王仲康由于行动不自由,抑郁而死。他的儿子相不愿和父亲一样当傀儡王,便逃出去投奔别人。寒浞担心日后相的势力强大后会回来夺权,就派兵去追杀相。

相的妻子缗是有仍氏的女儿,这时正怀胎足月,尚未生产。相知道自己逃不过寒浞的手心,就伤心地对妻子缗说:"我是死定了的,不管我逃到哪儿,寒浞都不会放过我,你赶快逃回娘家,把孩子生下来,保下我们

小知识

家天下:王位由父亲传给儿子或家人,不落外姓人的手中。

后羿:传说远古时候天上有十个太阳,炽热的阳光把大地晒得像个大火炉。于是后羿用箭射落了九个太阳,拯救了人类。

安邑:今山西省安邑县境。

少康复国

夏朝的根，以后一定要替夏朝报仇，伺机复国。"

缗舍不得离开丈夫，哭着要相和她一起逃跑。门外追兵已近，相见形势危急，便拔出剑来自刎而死。缗见丈夫已死，伤心欲绝。但现在不是哭泣的时候，她牢记丈夫临终的嘱咐，要保住孩子为国复仇，设法逃命要紧。

士兵已经在撞门了，她已经不能从前门出去，便立即跑到后墙，大腹便便的缗从一个狗洞艰难地爬了出去，逃到娘家有仍氏那儿。由于惊吓和辛劳，当晚就生

下了一个男婴，取名少康，是禹的玄孙，启的曾孙。

少康这孩子从小就很聪明，他母亲认为他将来会有出息，便在他懂事以后把他的家族史如实告诉他，祖父一辈太康如何荒唐失国，仲康如何抱恨早死，以及父亲如何惨遭寒浞手下追杀……叮嘱他长大后要为祖父和父亲报仇，把国家大权夺回来。

少康立志要为家族复仇，他发愤图强，为复兴夏朝做准备。他一边在外祖父那里担任畜牧官，一边练习武艺，学习带兵打仗的本领，渐渐长成一位文武双全的青年。

他还密切注意寒浞那边的动向，对杀父仇人保持高度警惕。果然，寒浞打听到相有一个儿子在人间，就派人来搜捕他。少康早得到消息，赶快逃到舜的后代有虞氏那里。

玄孙：曾孙的儿子。
曾孙：孙子的儿子。

少康复国

有虞氏部落的首领虞思见少康年轻有为，便任命他为管理膳食的官，学习理财的本领。少康工作得很出色，为人正直忠厚，又聪明能干，虞思喜欢他，把女儿嫁了给他，并给了他一块方圆十里的地去治理，那地方上还有五百名士兵驻守。这样，少康就有了恢复夏朝的根据地和武装力量。

少康在当地关心百姓的疾苦，领导他们发展生产，很受他们爱戴。他还积极地为复国做舆论准备，他宣扬祖先夏禹的功德，把流亡在外的夏朝旧官老臣们召集起来；又派人去朝廷刺探消息，摸清那边的情况。等一切就绪后，少康便率领大军，浩浩荡荡杀向夏都安邑。这时寒浞已死，少康杀了寒浞的儿子，夺回了政权，天下又回到了夏禹子孙的手里。这件事，历史上称为"少康复国"或"少康中兴"，从太康失国到少康复国，共约六七十年的时间。

少康的儿子季杼也是个很能干的人。那时，东部的夷族对少康复国很不甘心，常常出兵骚扰。他们的弓箭功夫很厉害，杀伤力大，使夏朝军队蒙受极大损失。季杼就发明了一种打仗穿的护身甲，那是用兽皮做的，石刀砍不透，石制的箭镞穿不过。士兵穿了它，作战能力大大提高。季杼因此能彻底打败东夷，扩大了疆域。夏朝在季杼在位时达到最强盛时期，在他之后就一代不如一代，到了夏禹的第十四代孙子夏桀即位，因为他的腐败和残暴，使国家一蹶不振，夏朝终于断送在这个败家子的手里。

从远古到夏末的历史，主要是后人根据传说，追记下来写在古书的，由于没有当时的文字记录，也没有足够的出土文物可印证，所以史学家称这段漫长的历史时期为"传疑时代"或"传说时代"。

流亡：因灾害或政治上的原因而被迫离开家乡或祖国。

箭镞：箭的头，用以杀伤敌人的部分。

传疑时代：夏朝以前的历史是根据传说记下来的，没有文字可印证，人们即使存有怀疑，也一代一代地口述相传下去，所以称作传疑时代。

9 奴隶当宰相

在夏朝时，已普遍出现使用奴隶的情况。奴隶，是社会最低下的阶层，他们一无所有，失去自由，供人奴役，受到最残酷的剥削和压迫，甚至还要做奴隶主贵族的**殉葬品**。可是，你知道吗？在商朝的历史上，却两次出现了君主尊奴隶为**宰相**的轶事，这说明了在广大奴隶阶层中，**藏龙卧虎**，有不少杰出的人才呢！

商的祖先契曾帮助夏禹治水立了功，禹就赐他姓子，封他**商地**，子契在那里建了个小部落，叫商。

子契之后的几代商王，都继承父业，努力于民生建设。他们大力发展农牧业生产，发明了用牛来耕田和拉车，用马来作坐骑去打猎和打仗，节省了很多人力，是人类生活中的一大进步。到了子契的第十四代孙商汤即位时，商已是东方一个相当强大的部落了。

那时，夏王朝统治了大约四百多年。公元前十六世纪，正是夏朝最后一个君王夏桀在位。他是个出名的暴君，残酷压迫人民，残暴对待奴隶；自己挥霍享受，不顾百姓死活，叫大家出钱出力，用七年时间为他造了一座白玉石的华丽宫殿；他的爱妃喜欢听撕布的声音，他就叫人把国库中最好的布拿出来，一匹匹撕给她听。谁要开口劝说他，就要被他杀掉……夏桀的胡作非为使百姓恨透了他，诅咒他早日灭亡。

商汤看到夏桀的腐败，决心消灭夏朝，帮助他完成这事业的，是一个叫伊尹的奴隶。

殉葬品：陪同死者一起埋入坟墓的人或物。
宰相：封建王朝里辅助君主掌管国事的最高官员的统称。
藏龙卧虎：比喻潜藏人才。
商地：今河南省商丘市。

伊尹是个传奇性的人物。据说在东方的一个小部落里，有一天一个采桑姑娘，在桑树的树洞里发现了一个被人遗弃的婴儿，她就把孩子抱回去交给部落首领，首领把孩子交给自己的厨子抚养，这个孩子就是伊尹。他长大后也当了厨子，烧得一手好菜。但他更有远大的政治抱负，很有头脑。他看到商汤的力量日益强大，很想投奔商汤为他服务。正巧商汤要娶这部落首领的女儿为妻，伊尹就自愿作陪嫁的奴隶，随新娘来到商汤家里。

商汤起初没有发现伊尹是个人才，打发他在厨房里干活。伊尹为了要引起商汤对自己的注意，便想了个计策：他有时把饭菜做得十分可口；有时却故意做得过咸或太淡；商汤觉得很奇怪，就召他来问话。伊尹乘机指出："做菜不能太咸，也不能太淡，放盐要恰到好处，菜才可口；治理国家也和做菜一样，不能操之过急，也不能松弛懈怠，只有恰到好处才能把事情办好。"商汤发现这个厨子是个少见的能人，便解除了他的奴隶身份，提拔他当了右相。

伊尹得到重用后，没有辜负商汤对他的期望，他向商汤提出很多治国的建议，又帮他精心策划了进攻夏朝的大计,当商汤被夏桀骗去囚禁起来后,伊尹又设法买通夏朝大臣把他救了出来。伊尹还建议商汤先逐一消灭夏朝附近的一个个小部落,把势力渗透到夏的统治地区。最后,于公元前1600年,商军大举进攻夏朝,夏桀的部队溃不成军,商汤追击夏桀,一直追到南巢,把他流放在那儿直到死去。

商汤自称武王,定都在亳,建立起中国历史上第二个奴隶制国家——商。由于商汤本身是部落首领,是以贵族身份推翻夏朝的,所以也被称为中国历史上最早的贵族革命。

商,是中国历史上一个重要时期的开始。因为近几十年来,考古学家在河南省的一些地方,先后挖掘出大

小知识

陪嫁: 即嫁妆。女子出嫁时,从娘家带到丈夫家去的衣被、家具和奴隶仆人等。

右相: 古代官名,君主设左、右丞相帮助他治理国事。

南巢: 今安徽省寿县东南。

亳: 今山东省曹县南。

量商代的文化遗物，这些文物与古代文献相印证，所以从商朝起开始了中国的"信史时代"——可信的历史的时代。

伊尹的故事还没完哩！他帮商汤建立了商朝之后，又帮他制定了各种典章制度，规定官吏一定要勤勤恳恳地工作，要做出成绩，否则会受到严厉的惩罚，甚至罚做奴隶。因此商朝初期官吏廉正，社会安定，经济繁荣。

商汤死后，伊尹继续辅佐第二代、第三代君主管理国家。后来，商汤的孙子太甲继位，头两年他在伊尹的帮助下，依照祖先规定的制度办事，但是到了第三年他渐渐变了，变得追求享受，贪图安逸，对百姓十分残暴，由着性子做事，不想再让伊尹管他了。伊尹见规劝无效，便把他赶下台，放逐到商汤墓地所在地，让他反省。守墓人天天给他讲商汤创业的故事，太甲对比自己，很是悔恨，决心改正错误。三年后伊尹见太甲确实悔过自新了，就把他接回宫，把政权交还给他。之后，太甲果然认真治国，商朝逐渐繁荣。

商朝从建国到灭亡，长达六百多年。最后的二百多年，商迁都到殷地，所以商朝又叫殷朝，有时也称为殷商。此时，青铜器冶炼技术已经到达很高的水平。他们用铜、锡、铅做原料，冶炼制造无数斧、钺、戈、矛、刀、镞等武器，鼎、爵、觚、壶等饮食器皿，以及斧、锛、凿、钻等工具。许多青铜器造型精美，花纹图案细巧，达到很高的艺术水平，形成了后来著称于世界的青铜器文化。如今保存在中国历史博物馆的后母戊鼎是目前世界上发掘到的最大的青铜器。

商朝的第二个奴隶宰相是距伊尹几百年后的傅说。

小知识

殷地：今河南安阳西北面的小屯村。
钺：古代兵器，青铜制，圆刃或平刃，安装木柄，用以砍伐，形似斧。
戈：古代主要兵器，横刃，青铜或铁制，装有长柄，可以横击。
爵：古代酒器，青铜制，有三足，用以盛酒。
觚：古代酒器，青铜制，喇叭形口，细腰，高圈足，用以盛酒，形似杯。据说爵盛一升酒，觚盛两升。
锛：削平木料的平头斧，柄与刃具相垂直成丁字形，使用时向下向里用力。
后母戊鼎：是商王为祭祀其母戊而制作，长方形，四足，高133厘米，重875公斤，鼎腹内有铭文"后母戊"三字。1939年出土。

那时殷王有个侄子叫武丁,从小在平民中生活,学会了一套劳动本领,也和一个叫傅说的奴隶交上了朋友。傅说虽是奴隶,但很聪明,很有学问,还很关心天下大事。他见武丁没有奴隶主贵族的架子,能和奴隶交朋友,且虚心好学,便很喜欢他,两人成了忘年之交。

后来武丁当上了商朝第二十二代君主,他一心要复兴商朝,做一个像商汤那样的名王,就要找一个像伊尹那样的好帮手。他想起了当年的好朋友傅说,但傅说是个奴隶,那时的商朝已不是伊尹那时的商初,几百年后奴隶主和奴隶间界限分明,大臣们是不会允许让一个奴隶来参政的。怎么办呢?

武丁想了一个好主意。一天晚上,他装作在梦中笑醒,说梦见先王商汤给他推荐一个大贤人傅说,只有他才能辅佐自己治理好国家。手下人深信不疑,就派人到全国各地去找,把正在做苦工的傅说送进宫。武丁当众解除他的奴隶身份,任命为宰相。大臣们虽然心有不服,但因为是先王商汤托梦推荐的,便也不好反对。

傅说果然有治国的才干,仅三年工夫,他就辅助武丁把殷朝治理得秩序井然,经济繁荣,商朝再一次复兴了。

两个奴隶先后当了宰相,听起来似乎不可思议,其实并不出奇。因为在奴隶社会里,奴隶主大都是好吃懒做的废物,而奴隶们从事生产劳动,其中有不少是知识渊博、才能出众的人。奴隶主为了维护他们自身的统治,只好到奴隶中去发掘人才。但是像伊尹和傅说这样的例子只是极少数,绝大部分奴隶被压在社会最底层,用他们的血汗养活少数奴隶主。他们的额头上被打上烙印,以五名奴隶换一匹马和一束丝的贱价在市场上贩卖。奴隶的生活是多么悲惨啊!

10 甲骨文的故事

我们现在的文字，都是书写或印刷在一页页纸上，然后装订成册的。但是在纸张发明之前，古人是怎样写字的呢？他们把字写在哪儿呢？你大概猜不到吧。

公元1899年，是中国的清朝时期，在北京有一位学官，头衔是 国子监祭酒，他的名字叫王懿荣，年纪不小了，常有腰骨酸痛的毛病。那天，他听人说中药店有一种叫 龙骨 的中药，能治百病，对筋骨病尤为灵验，王老先生就叫人到一家叫达仁堂的中药店去买了一些龙骨带回家。正当他把龙骨从纸包中取出，打算放进药罐里去煲煮时，忽然见那片龙骨上有一些依稀可辨的线条符号,这引起了王老先生的兴趣。于是,药也不煮了,他索性把这些龙骨一片片擦拭干净,仔细端详起来。

王老先生是位有学问的人,他越看越兴奋,觉得龙骨上的符号好像是一种古代的文字。于是他又到药店去,买下店里所有的龙骨,找来了一批学者,对照古籍认真研究起来。这一研究,得到了一个重大的发现——龙骨上面刻的线条符号,是距今两千多年前商朝的文字!

于是学者们追踪这些"龙骨"的来源,原来这些龙骨的产地在河南安阳市西北面的小屯村,人们也称那里为"殷墟"。那里的农民在田里耕种时,常常会挖到一些石器、陶器、玉器、铜器、骨角器和甲骨。农民们不知道那一片片是什么东西,有人说这是古代龙的骨头,

国子监祭酒: 古代学官名,国子监是中国古代最高的教育管理机关。祭酒是主管官。国子监祭酒相当于现在的教育部部长或大学校长。

龙骨: 原指古代某些哺乳动物骨骼的化石,如犀牛、象等,中医用作镇静剂。

可以治病，于是他们就把这些骨头卖给中药店。现在学者们发现这些都是无价之宝，便有不少人专门收买甲骨，引起全国学术界对甲骨文的研究热潮，在中国历史学和古文字学中增添了一门新兴的学科——甲骨学。

那么，这些甲骨文记叙了一些什么内容呢？商朝的人为什么要在龟甲牛骨上刻写文字呢？

原来商朝的人，上至君王大臣，下至百姓，都很迷信。他们崇拜鬼神的力量，相信天上有神能主宰人间的一切；死去的祖先也会保佑他的子孙们；自然界的山山水水都有神灵，能给人们带来幸福或灾祸。所以他们凡事都要拜祭一番，问问鬼神祖先这件事该不该做，祈求神灵保佑。那么，人怎么和神灵沟通呢？要靠一种叫<u>巫师</u>的人来传达鬼神的意见。甲骨就是巫师通鬼神时使用的工具。

殷墟出土的甲骨中，除了占卜后刻有文字的外，还有不少是经过整治而未用的甲骨。原来甲骨在使用前要经过多次加工制作，比如要把它锯开，刮削平整，在背面钻孔凿眼。占卜时，巫师把钻了孔的甲骨放在火上灼烧，骨头经火一烧，在正面就出现了裂纹，这叫作"卜兆"。巫师就把这种奇形怪状的裂纹说成是有某种含意的符号，按他的意思解释出来，连同占卜者所提出的问题，以及准不准的结果，一起刻在出现卜兆的甲骨上，这就是"甲骨文"，也叫"卜辞"。

那时的商王几乎每天都要祭祀鬼神，事事都要通过占卜来祷告祈求、问凶吉。宫里专有史官来主持，掌握刀笔刻甲骨卜辞。他们都是很有学问的人，刻出的卜辞简明扼要，内容广泛，形式上都有统一的格式，如：

某某日卜，某个史官（有时是商王自己）
问：要做某事，是吉？是不吉？某月

我们剔除了卜辞中的迷信成分，就能得到许多商朝的历史资料。甲骨卜辞中有较完整的商王朝的世系，官吏的名称；与别国的战争记录；社会生产方面有农业、

巫师： 以装神弄鬼替人祈祷为职业的人，多是男巫。

畜牧业、手工业、商业、交通、狩猎的情况；医学方面也有反映，提到十多种疾病的名称；其他如天文、历法、气象等都有涉及，那时已经知道把一个月分为三十天，一年分为十二个月，闰年有十三个月。

所以，甲骨文的发现，对研究我国古代史，尤其是商代历史，具有十分重要的意义。

闰年：阳历把一年定为365天，所余时间约每四年积累成一天，加在二月里，这一年有366天，叫闰年。农历把一年定为354天或355天，所余时间约每三年积累成一个月，加在第三年里，这一年有13个月，即383或384天，也叫闰年。

11 纣王的功与过

一提到历史上的暴君,人们就会想到夏朝的桀和商朝的纣。其实,桀和纣都不是他们本来的名字,只是因为他们太坏,人们才这样称呼他们。"桀"的意思是凶暴、杀人太多;而"纣"是残忍、不义的意思。后来,桀和纣就成了坏君主的代名词。

纣是商朝第二十九个王——帝乙的小儿子,其实他也不是生来就坏的,而且他也曾为商朝做了一些好事,但是后期的荒淫残暴使他成为历史上的暴君。

据说纣生得相貌英俊,人也很聪明,对复杂的事情能很快做出判断,口才又好。他力大无穷,能徒手与猛兽格斗，能把铁条拉直或拧弯，又能把粗大的房梁安放到屋顶上。有一次，他当众表演，双手拖九只牛的尾巴向后退，看得人人目瞪口呆。

当时，东方的夷族已十分强大，正由江淮一带向中原地区发展，威胁到商朝的安全。纣王的父亲帝乙在位时就曾遭到东夷人的攻击，东夷人善于射箭，使商军伤亡惨重。后来经过几天几夜的激战，商军才把东夷人击退，迫使他们退回东方。

纣王即位后，派人四处收集铜和锡，并亲自监督冶炼青铜，叫奴隶们铸造了大量的箭镞、戈、矛等武器，这些青铜制的箭镞又精巧又锋利，射得远，杀伤力很大。

纣王组织了大批军队，亲自出征，对东夷发动了大规模的进攻。商朝的先进生产技术给商军带来了极大的优势，东夷人用的是石头或兽骨磨制的箭镞，当然敌不过青铜箭镞；加上纣王英勇无比，率领部下来回冲杀，一个人可以对付好几个人。东夷人一批批倒下，没死的就成了俘虏。商军大获全胜，并掠夺了大量海贝、大龟、鲸鱼骨和大象。商军从淮河流域一直打到长江下游，东夷的大部分部落都投降了商朝，成千上万东夷人成了商的奴隶。从此，中原的文化渐渐传播到东南地区、两淮地区和长江下游，所以纣王对中原文化的传播是有贡献的。

纣王在战争中夺到不少财宝和奴隶，便驱使奴隶在商朝的陪都朝歌建造了一座富丽堂皇的"鹿台"，有十丈高，玉石做门，黄金为柱，把搜刮得来的金银财宝都收藏在里面；又修建了高大的仓库储存抢来的粮食。为了供他和妻妾们游玩消遣，他动用大批工匠建造许多亭台楼阁，养殖各种珍禽奇兽。纣王特别喜欢喝酒吃肉，便异想天开，在王宫里凿了一个大池，里面灌满了酒，听说在池里还可行船；又在池边竖立许多木头桩子，上面挂着烤得香喷喷的肉块。这样，纣王和宫妃及王公贵族们可以在酒池里纵情嬉乐酗酒，饿了就到肉林里，一伸脖子就可吃到肉，这就是被称为"酒池肉林"的豪华

朝歌：今河南省汤阴县。

生活。纣王的奢侈到了何等地步！

有一次，纣王讨伐一个叫**有苏氏**的部落，有苏人知道他好色，便献出一个美女来请降。这美女叫妲己，异常美丽，但生性狠毒。她当了纣王的宠妃之后，出了许多坏主意，使纣王干下许多伤天害理的事。例如，她叫纣王用"炮烙"的酷刑来惩治反对他们的人，就是在一根铜柱子上涂了油，下面燃起熊熊的炭火，叫犯人赤身裸体在铜柱上爬，被慢慢烙焦，一掉下来就被活活烧死。

看到纣王这样荒淫无度，也有些人冒死站出来规劝他，可是骄傲自负的纣王怎会听得进去？纣王的同父异母哥哥微子启就曾对纣王说："现在我们拼命喝酒，败坏了祖先留下来的美德。喝酒使我们的大臣和百姓都做出偷盗奸邪的事情来，我们殷朝眼看就要亡国了。"纣王不听，微子启只好偷偷离开了他，到别处去躲了起来。纣王的堂兄弟箕子也曾规劝过他要收敛一些，纣王非但不听，还把他囚禁了一段日子。他叔叔比干的下场就更惨了：比干几次对纣王好言相劝，说像他这样胡作非为，会引起百姓的愤怒和反抗，国家就很危险，他应该及早改正错误。最后纣王听得不耐烦了，冷言冷语地说：“你说得这么好听，倒像个圣人。我听说圣人的心有七个孔，我倒要看看你的心究竟有几个孔！”他居然吩咐手下把自己的亲叔叔杀了，并剖开他的胸膛，取出心来观赏一番！这样一来，再也没有人敢来规劝纣王了。大臣们有的借口有病躲了起来；有的虽然天天照样上朝，却一言不发；有的甚至偷偷拿了宗庙里的祭器投奔他国。箕子也带了家眷和族人逃到东北方面的朝鲜半岛去，另辟天地了。据说今天的韩国人大部分就是他的后代。

大臣们况且如此，百姓的境况就更悲惨了：他们被抓去服劳役，他们的粮食被夺去为皇宫酿酒，还被逼去打猎取肉进贡。纣王的宠妃妲己爱看杀人，就随便把百姓拉去砍头、剁手脚、剖肚子……这样的日子实在没法过下去了，百姓只得扶老携幼，四处逃亡。

纣王的所作所为，正在为他自己挖掘坟墓，殷商的灭亡是无可避免的了。

有苏氏： 商时期的部落，周时期的诸侯国（叫苏国），今河南省温县一带。

12 姜太公钓鱼遇文王

你听说过姜太公钓鱼的故事吗？它正是发生在商末新兴的强国——周国的事。周的祖先姓姬，商朝后期他们在陕西岐山下的周原一带定居下来，开垦荒地、建筑**城郭**，成了商的属国。周的首领季历先后打败了周围部落和小国，势力渐强，对商造成了威胁。商王文丁就找了个借口，把季历骗来杀了，以为可以杜绝后患。

季历的儿子姬昌继承父位，他就是历史上有名的周文王。

姬昌一心想为父报仇，他带兵攻商，可是因为力量太弱，大败而归。

这次失败使姬昌深感自己国力的不足，所以他发愤图强，治理国家、加强军力、发展农业，并广招国内外贤士来为他出谋献策。经过十多年的努力，周国又一次强盛起来了。

周国的强大对商很不利。有个大臣在纣王面前说了姬昌的很多坏话，警告纣王要小心周国。于是纣王就发出命令要会见各部落和小国的首领，把姬昌骗来，囚禁在羑里。

消息传到周国，全国上下焦虑万分。姬昌的儿子姬发急忙和大臣们商议拯救父亲的办法。他们决定利用纣王贪财好色的弱点，搜罗了一批美女、骏马和珍宝献给纣王，假意表示周国对商的忠心，并买通了纣王身边的几个大臣，请他们在纣王面前求情释放姬昌。

城郭：古时在都城四周所建造的用作防御的城墙，一般有两种：里面内城的墙称城，外城的墙叫郭。

羑里：今河南省汤阴县西北。

昏庸的纣王见到这些美女和珍宝高兴得眉开眼笑，说："光是其中一项就可以赎姬昌了！"便立刻释放了姬昌，还封他为"西伯"，竟让姬昌代表商管理西方部落和小国！

姬昌恢复自由后，深深感到纣王的腐败无能，非推翻不可。于是他加紧训练军队，联络小国，准备一有机会就进攻商，报仇雪恨。

姬昌看到自己手下虽已有不少出色的文武大将，但还缺少一个全才来统筹全局，帮他筹划灭商大计，因此，他经常留意寻访这种人才。

一天，姬昌坐车带儿子和士兵出外打猎，来到了渭水的支流磻溪边，见到一位七八十岁的老人坐在那里钓鱼。这位老人须发斑白，戴着斗笠，穿着青布衣衫，气度不凡。但是他的鱼钩是直的，不是弯的，上面也没有

小知识

西伯： 伯是古时领导一方的长官。西伯是指管理西部地区的官。
青布： 古代称黑色为青，青布衫是黑色衣服。

鱼饵。大队人马的前来，丝毫没有惊动这位老人。姬昌觉得很纳闷，便下车走过去和他攀谈起来。

这位老人姓姜名尚，又名子牙，是远古时代炎帝的后代。他怀才不遇，所以到渭水边上来钓鱼，其实是在等候贤明的君主的赏识。

姬昌在和姜尚的谈话中发现他是个很有才能的人。他上通天文、下知地理；眼光远大、学问渊博；对政治、军事各方面都很有见地，特别是对当时的形势分析得头头是道，令人信服。姜尚认为，商朝的日子不长了，应有一位贤明的领袖出面来推翻它，建立一个新的王朝。

他的话句句打动姬昌的心。姬昌想：这不就是我一直在寻访的大贤人吗？于是他恳切地对姜尚说："我们盼了您很久了，请您帮我们治理国家吧！"说着便吩咐下人备车，请姜尚和他一起回宫。歇后语"姜太公钓鱼——愿者上钩"指的就是这件事。

姜尚到了周国，先是被立为国师，也即最高的武官；后来升为国相，总管全国的政治和军事。因为他是自姬昌的祖父起就一直盼望的大贤人，所以人们尊称他为"太公望",在民间传说中称他为姜太公。如今陕西省宝鸡市东南的磻溪上,还有姜子牙钓台一处风景点呢!

姜太公果然是个杰出的人才。他帮助文王整顿政治和军事,对内发展生产,使人民安居乐业;对外征服各部落和小国,开拓疆土,削弱商的力量。到姬昌晚年时,周的疆土已包括了大部分商统治的地区,并逼近商的都城朝歌,当时人说,那时"若把天下分三分,周人就已占两分"。如此,为消灭商奠定了雄厚的基础。

知多一点

姜太公钓鱼

姜太公钓鱼被周文王赏识的历史故事,引申出一句歇后语"姜太公钓鱼——愿者上钩",一直流传到现在。

但是,人们一般把这句歇后语理解为设下圈套,使人上当。其实这是与原意不相符合的。姜太公怀才不遇,一心要协助文王振兴国家。但是如何才能引起文王对他的注意呢?他就要采取与众不同的方法——不是用弯弯的鱼钩,而是用一个直而且不用鱼饵的鱼钩在钓鱼。果然,文王觉得这是一位奇人。人们都是很尊敬奇人的,认为他们很有本领。两人交谈后文王发现这是一位杰出的人才,请他入宫协助治国。所以,姜太公用钓鱼一计来试试文王求贤的诚意，就如同诸葛亮要经三请才出茅庐那样，他要"面试"对方是否真心诚意请我帮，是否值得帮。

13 牧野之战

　　姬昌得到了姜太公的辅助，扩大领土，增强国力，积极为消灭商朝做准备，可惜他未能实现自己的宏愿就病逝了。他的儿子姬发继位，决心继承父志，完成大业。

　　姬发先向各部落和小国发出通知，约定在黄河边上的孟津会盟，商讨如何收拾被商纣王弄得一塌糊涂的天下，并想以此试探一下众人的态度。到了那日，竟有八百多个首领前来会盟，说明民心所向，天下人都愿跟姬发伐纣王。姬发在会上宣读了讨伐宣言，历数了纣王的种种罪恶行为，声明自己是替天行道。会上举行了军事演习,各首领都表示愿意出兵讨纣,他们还决定派人去朝歌刺探消息,等候出兵的时机。

姬昌死后的第四年春天,时机终于来到了。当时的商朝已被纣王搞得乱七八糟,再也维持不下去了;并据探子报告说,纣王调集了大部分兵力去攻打东夷,对西方的防御很松懈。姬发和姜尚商量后,认为机不可失,就决定出兵。

姬发出动了三百辆兵车,三千名勇猛的先锋部队和四万五千名士兵,会合了各部落及小国的支持部队,用车载着姬昌的牌位,浩浩荡荡地从孟津渡过黄河,向商朝的都城朝歌进发。这支讨伐大军士气旺盛,一路上载歌载舞。他们没遇到什么抵抗,长驱直入,一直到了离朝歌只有七十多里路的牧野。

在牧野,姬发正式竖起伐纣大旗,当众誓师。他公布了纣王无道、腐败残暴的种种罪恶,说:"现在商纣

讨伐: 出兵攻打敌人或叛徒。

王昏庸极了，不祭祀祖宗，不理国家大事，连自己叔叔、兄弟的话也不听了；却重用一些坏人和罪犯，让他们做官，残害忠良百姓。现在我代表老天爷来处罚纣王，希望大家勇敢作战，消灭顽抗的敌人，不要杀害来投降的敌人。谁努力作战，就给予奖励；谁怕死后退，就严厉责罚！"誓师完毕，大队人马就挥旗向商军发起进攻。

这时，纣王正和妲己及一批宠臣在鹿台上喝酒吃肉，欣赏歌舞取乐。手下报告说八百首领的讨伐大军正在前来，纣王大吃一惊，赶快撤了酒席，召集大臣们商量对策。可是他的军队都在东方战场上，一时调不回来，于是他只好把战俘和奴隶武装起来，编入军队，一共凑了十七万人，开赴牧野前线。

著名的牧野之战爆发了。纣王原想以重兵取胜，以为十七万大军对付六七万联军应该没问题。但他没有想到军里的奴隶与战俘早已受够了侮辱和虐待，恨透了他，谁会肯替他卖命呢。所以他们还没同姬发的军队交锋，就调转矛头，同押送他们的士兵厮杀起来。杀掉士兵之后，这支部队向商都杀来，反而成了姬发的开路先锋。再说姬发的部队虽是一支联合军队，但上下一心，**同仇敌忾**，决心要推翻商纣王，士气很高。所以当他们呐喊勇猛地向商军进攻时，商军立刻土崩瓦解，全部溃散了。

姜尚指挥部队杀到商都朝歌。纣王一看众叛亲离，大势不妙，赶快回到王宫里，跟着他的只有百十来人。纣王知道自己的末日到了，便穿上他那件缀满珠宝玉石的礼服，在富丽堂皇的鹿台上大吃一顿，然后叫人在鹿台下放一把火，把自己烧死在熊熊烈火中了。这个荒淫无道的纣王，到临死都还要享乐一番！

姬发带大军冲进朝歌，百姓早已烧好开水煮好饭，等着迎接大军到来。大军进城，百姓齐声欢呼，为士兵递茶送水，感谢姬发把他们从暴虐的纣王手中解放出来，并表示愿意臣服周国。

姬发乘车赶到被焚毁的鹿台，找到了纣王的尸体，

同仇敌忾：全体一致痛恨敌人。

接着又把那个作恶多端的妲己杀了,然后他用青铜斧砍下了纣王和妲己的头,把两颗头颅悬挂在旗杆上示众。暴君纣王和妲己罪恶累累,得到了应有的下场。

姬发庄严地宣告伐纣战争胜利结束,商朝已经灭亡。他得到了各部落和小国首领的拥戴,建立了周朝,姬发被拥立为天子,称周武王。周武王即位之后,追尊他的父亲姬昌为周文王。

14 一心为国的周公

周朝,是中国历史上最兴盛的奴隶制国家。周朝分封诸侯,制定宗法,制作礼乐,建立井田制来稳定社会秩序及发展生产,这些制度对以后历代王朝影响很大。从周成王到康王五十多年里,是周朝强盛和统一的时期,历史上称为"成康之治"。在提到周初的这段历史时,我们不能忘记做出过巨大贡献的一位杰出人物——周公。

周公是周文王的儿子,周武王的弟弟,叫姬旦,史书上叫他周公或周公旦。他协助武王伐纣灭商,建立了周朝;在巩固周朝统治方面,他又出了很多主意。武王建立周王朝后，许多部落都来归顺，疆域一下子扩大了很多。这么大的国土如何统治呢？如何来稳定和控制商朝的一些不服气的老臣子和奴隶主贵族呢？

周公向武王建议：采用分化利用和武力监督的办法来处理商朝遗臣。首先把商都旧地分封给纣王的儿子武庚，允许他保存商朝的太庙，祭祀祖先。然后又封武王的三个弟弟管叔、霍叔、蔡叔，使其驻在商都周围，名义上是帮助武庚，实际上是就近监视武庚，叫作"三监"。

武王又用分封来大治天下，把全国的土地划为一块块，分给自己的兄弟、亲戚，以及一些有功的大臣，先后两次共分封了七十一个诸侯国。

你见过宝塔型的建筑吗？上尖下宽是它的特点。周朝的统治结构就像宝塔一样：塔的顶端是周天子，统率一切；第二层是分封的诸侯；第三层的统治者叫作卿或大夫，是由诸侯分封的；第四层是"士"，负责打仗，士的下面才是一般百姓；百姓下面还有奴隶，人数众多，处在最底层。周朝就是靠这种宝塔式的等级制度来统治天下。

武王灭商后，过了几年就病死了。他的儿子成王还只是个孩子，周公就自己摄政，代小侄子管理国家大事。他是位有才有德的大政治家，他想尽一切办法网罗人才治理国家。为了接待贤能的人，他忙得不可开交，有时洗一次头发也要中断三次，吃一顿饭也要三次放下碗筷。尽管他如此忠心和勤恳，却仍招来他的弟弟管叔、霍叔和蔡叔的妒忌，他们在外面造谣说周公想要篡夺侄子的王位，纣王的儿子武庚乘机拉拢他们一起反叛周朝。管叔、霍叔和蔡叔就和武庚勾结起来，还联合了一些殷商的旧贵族和早就不驯服的东夷小国，发动了大规模的武装叛乱。

周公向老臣子姜尚和召公表明了自己对国家的一片耿耿忠心，消除了他们对他的误会。为了保周朝的天下，周公便以成王的名义亲自带兵出师东征。经过三年

小知识

太庙：帝王为祭祀祖先而特地建立的庙，也叫祖庙。如今北京天安门东侧的劳动人民文化宫，即为明清两代帝王的祖庙。

摄政：代君主处理事务。

一心为国的周公

艰苦的战争，周公终于平定了叛乱。武庚在战斗中被打死，管叔兵败后自杀，霍叔和蔡叔做了俘虏，流放远方。这场战争消耗了不少人力物力，也为周公添了不少白发，但巩固了周朝的统治，也说明了周公不仅是位能干的政治家，也是位出色的军事家。

东征归来后，周公深感目前的都城镐京太偏西，不易管辖新疆土，便在洛邑营建了一个东都，由周公坐镇，成王则在镐京附近集中力量征伐犬戎。

为了巩固统治、维持社会秩序，周公在分封的同时又创立了宗法制度，规定从天子到士的权位只有宗子（嫡长子）才有资格继承，并制定了一套礼乐来教化人，也就是说在社会的各个等级之间、人与人之间都有许多礼仪和规矩要遵守。天子、诸侯、卿大夫、士都有应尽的义务，譬如天子要把每年的历法颁布给百姓，告诉他们什么时候播种、收割、过节、休息；诸侯要为天子守疆土和向天子进贡，卿大夫则要向诸侯进贡；士必须服从诸侯和卿大夫的命令去出征……每个等级都有各自的礼节，所着的衣饰，仪式中所跳的舞、所奏的音乐，也都有各自不同的规定。祭祀、朝会、婚娶、丧葬都有一定的仪式，使用不同的音乐。君臣、父子、亲疏、尊卑之间都有严格的界限，人人都要遵守这些礼节，违反了就是越轨失礼。如此，使人们养成彬彬有礼、安分守己的习惯，生活得很有秩序。这些就是后世所说的周公"制礼作乐"。

在农业方面，周朝实行井田制，农田分公私，激发了农民生产的积极性，促进了农业生产的发展，整个社会的经济就此稳定下来了。

周公辅政了六七年，当成王满二十岁时，周公就把政权交给了他。成王在位三十多年，病死后由太子钊继位，太子钊就是周康王。康王不忘创业的艰难，在忠臣的辅助下专心治理国事，生活俭朴，善待百姓，因此生

小知识

镐京：在今陕西省西安市附近。

洛邑：今河南省洛阳市。

井田制：把一方里的土地照"井"字形状分为九区，每区一百亩。外面八区分给八家农户耕种，收成归各家私有，无须向领主交税，这叫"私田"。中央一区由八家合力耕作，收成属于领主，这叫"公田"。

一心为国的周公

产发展，人民生活安定，社会出现一片繁荣景象，犯法的人很少。据史书记载，成康之际，四五十年内未曾用过刑罚，天下安宁，政治清明，后人称这段全盛时期为"成康之治"，其中，周公的作用是不可磨灭的，周公也因此成为后代许多统治者学习的楷模。

15

烽火戏诸侯

周朝自"成康之治"后,相传了十几代。第十一代的周宣王曾采取一些改革措施,使周朝一度中兴。但后期他**穷兵黩武**,连年征战失利,于公元前781年忧郁而死。他的儿子即位,就是西周有名的昏君、末代天子周幽王。你知道周幽王昏庸到什么地步吗?他竟动用国库

小知识

穷兵黩武:使用全部武力,任意发动侵略战争。"黩武"是好战的意思。

的千两黄金，去买来了谄臣的一个坏主意——动用京城的报警设施来戏弄诸侯，以博得爱妃一笑！

幽王是在天灾频繁、政局不稳的情况下登上宝座的。他即位的第二年夏天遇上旱灾，接着又是地震又是饥荒，百姓的生活苦不堪言。但是周幽王非但没有设法解决人民的困苦，挽救国家危局，反而增收赋税，加重百姓的负担，自己过着更奢华荒淫的生活，因此加速了他的倒台，断送了西周的天下。

周幽王不理国家大事，只知吃喝玩乐。他派人四处寻找美女。有个叫褒的大臣对他好言相劝，幽王不但不听，还把他抓起来关在牢里。褒家人为了救出褒，从乡下买了一个漂亮的姑娘献给幽王。幽王很喜欢这个叫褒姒的美女，就把褒释放了。

不久，褒姒为幽王生了个儿子，取名伯服。幽王更宠爱褒姒了，他想废掉他和申后生的儿子宜臼的太子位，立伯服为太子。可是周朝的规矩是只有王后生的嫡长子才能做太子、继承王位，妃子生的儿子是没有这个权利的。幽王便设计要杀死宜臼。

一天，宜臼在花园里玩，幽王派人故意放出笼里的一只老虎，想让老虎咬死宜臼。没想到宜臼十分勇敢，当老虎张牙舞爪向他扑过来时，他非但不逃，反而迎上去向老虎大吼一声，吓得老虎趴在地上不敢动弹，幽王的阴谋没有得逞。宜臼知道自己可能会再遭到暗算，便偷偷逃出王宫，躲到外祖父申侯家去了。于是幽王便下令废掉申后和宜臼，封褒姒为王后，立伯服为太子。这事引起大臣们的强烈不满。

幽王还有一件心事，就是褒姒虽艳如桃李，却冷若冰霜，她有个怪脾气——从来不笑，不管是多么有趣的事，都不会使她高兴、露出笑容。即使她当上了王后，儿子被立为太子，她也丝毫没有欢乐的流露。

幽王一直想看看美丽的褒姒笑起来有多美，因此他想方设法逗她笑，但都没有成功。于是幽王出了赏格，

- **谄臣：** 谄是讨好巴结的意思。谄臣是指皇帝身边专门讨好献媚、拍马吹牛的大臣。
- **赏格：** 古时悬赏所定的报酬数。悬赏是用出钱等奖赏的办法，公开征求别人帮助做某件事。

烽火戏诸侯

说有谁能叫褒姒笑一笑的,就赏给他一千两金子。

幽王手下有个叫虢石父的大官,是个专会拍马逢迎的坏家伙,也是个贪财鬼,他马上向幽王献了一个"烽火戏诸侯"的计策。

原来,西周时为了防备西边犬戎部族的侵扰,在镐京附近的骊山一带修建了许多座高高的烽火台。周王朝与各地诸侯有约,如果发现犬戎来进攻京城,晚上就在烽火台上烧起大火,白天则烧狼粪使它冒烟。诸侯见到烟和火光,知道京城告急天子有难,就必须立即率兵来救援,不得延误。虢石父对周幽王说:

"现在天下太平,烽火台好久没有使用了。大王带娘娘到骊山去玩几天。到了晚上,我们把烽火点起来,诸侯们一定会带兵赶来。娘娘见了这等热闹景象,又知道诸侯们原来上了大当,一定会笑起来!"

幽王丝毫不考虑此事的严重性,居然拍手笑道:"好极了,就这么办吧!"

这一天,周幽王带褒姒和随从们来到了骊山的城楼上,然后派人在烽火台点起烽火。这二十多个烽火台每个相隔几里地,第一道关的士兵点起烽火后,第二道关

▲烽火台

小知识

烽火台：边疆戍兵使用烽火报警，因此而设的高土台，因烧烟常用狼粪，又名"狼烟台"。

上的士兵见到烽火也就会把火点起来,如此接二连三地点起火来后,临近的诸侯们真以为西北方的犬戎打过来了,便赶快带兵马前来救驾。他们汗流浃背地赶到镐京城下,哪见有一个犬戎兵的影子,只见幽王和褒姒坐在城楼上喝酒听音乐看热闹。幽王派人告诉诸侯说,这里没事,只是在放烟火玩,请大家回去吧。诸侯们气得憋着一肚子气往回跑。褒姒见到诸侯们上当受骗十分狼狈的样子,不禁笑了起来。幽王高兴得什么似的,马上奖赏给虢石父一千两金子。

后来,被废的申后的父亲申侯联合犬戎进攻京城,幽王急忙令人点起骊山烽火,但诸侯们以为幽王又在拿他们取乐,一个兵也没派来。京城被犬戎攻破,幽王被杀,王宫的珍宝被洗劫一空,褒姒也被抢走。诸侯们和申侯商量后立原太子宜臼为周平王,公元前770年迁都到洛邑。历史上把东迁前的周朝称为西周,东迁后称为东周。

16

管鲍之交

东周前期二百多年（从公元前770年到公元前476年）的这段历史，被称为**春秋时期**。这时，周天子的实力已经大不如前，已不能控制天下。诸侯势力兴起，互相争夺霸权，扩大统治范围。在这段历史中出现了很多可歌可泣的故事。

小知识

春秋时期：一本名为《春秋》的古代史书，记载了公元前722年到公元前481年的历史，后来人们就借用"春秋"一名，把公元前770年到公元前476年这段历史称为"春秋时期"。

由于诸侯间的互相混战兼并，周朝初期分封的几百个诸侯国到了春秋时期只剩下一百多个，其中较大的有十几个。大国争霸成为春秋时期的主要特点。

第一个称霸的是齐桓公。齐国的都城在临淄，是周武王的功臣姜尚的封国，地大物博，工商业发达，国力较强。

公元前686年，齐国发生了一次内乱，执政的暴君齐襄公被杀。他没有儿子，只有两个异母兄弟——公子纠和公子小白，他们因为眼见襄公暴虐无道，不敢留在国内，早就逃奔他国。公子纠的母亲是鲁国人，所以他就去鲁国避难，身边有一位叫管仲的师傅辅佐，公子小白回到他母亲的老家莒国，由师傅鲍叔牙陪伴左右。

这鲍叔牙和管仲都是很有才华的人，又是一对好朋友，曾一起合作做过买卖。管仲的家境不大好，又有母亲要供养，鲍叔牙很理解他的处境，十分照顾他，还时时在众人面前维护他，因为鲍叔牙知道管仲是个很有本事的人，很爱惜这人才。管仲曾感慨道："生我的是父母，了解我的是鲍叔牙啊！"从此两人结为生死之交。管仲看准了以后能继位当国君的，不是公子纠就是公子小白，就和鲍叔牙说好了，每人辅佐一个，管仲当了公子纠的老师，鲍叔牙做了公子小白的老师。

两位公子听到齐襄公被杀的消息后，都急要赶回去争夺王位。鲁庄公亲自带兵，护送公子纠和管仲到齐国去。管仲对庄公说："公子小白在莒国，莒国离齐国近，万一他抢先入齐国就麻烦了，让我带一队人马去拦阻他。"管仲的人马果然在一个森林里追上了公子小白。管仲问："公子如此急急忙忙上哪儿去呀？"小白说："回去办丧事啊。"管仲说："公子纠比您年龄大，由他办丧事就行了。"鲍叔牙知道管仲的用意，叫他别多管。管仲假意退下，走了几步路后突然转过身来，弯弓搭箭朝小白射去，只听小白大叫一声，口吐鲜血，倒在车里。管仲以为他必死无疑，便回去带着公子纠不慌不忙地向齐国进发。

其实公子小白并没有死，管仲的这一箭正好射在他的衣带上，没有伤及他。小白急中生智，故意惨叫一声，咬破舌头，扑倒在车里，连他手下人都以为他死了，放声大哭起来，迷惑了管仲。等管仲走远后，小白才睁开眼。鲍叔牙叫他赶快抄小路回临淄。所以当管仲和公子纠自以为胜券在握，得意扬扬地走在路上时，小白已到了临淄，被立为国君，就是齐桓公。

鲁庄公听到这消息后气恼万分，便下令攻打齐国。鲁国国小兵弱，根本不是齐国的对手，连吃了几个败仗，丢失了大片土地。鲍叔牙趁势向鲁国反攻，逼鲁庄公杀死公子纠，交出管仲，不然齐国就要攻进鲁国都城。

鲁庄公没有办法，只得杀了公子纠，把管仲抓了起来，押送回齐国。管仲以为此次回到齐国必死无疑，谁知车一进入齐国地界，鲍叔牙就急忙走上来替他松绑，

小知识

衣带：古人宽袍，多用衣带束腰，再用金属制的圆形扁物钩住衣带，故衣带一般都在腰腹中央。

扶他上了自己的车,一起回到临淄。管仲心里直纳闷,为什么小白非但不杀他,反而如此厚待?

原来公子小白当了国君后,为了感谢师傅鲍叔牙,准备封他为相国,但是鲍叔牙拒绝了。他说:"主公想完成大业,一定要找个才能出众的人来当相国。"

小知识

相国: 官名,春秋时齐国开始设左右相,或称为相国、相邦、丞相,为百官之长。

主公: 古代臣仆对君主的称呼。

齐桓公便问:"到哪儿去找这样有才能的人呢?"

鲍叔牙说:"除了管仲,别无他人。"

齐桓公听了很生气,扭过头去说:"管仲差一点儿要了我的命,怎么能重用他呢?"

鲍叔牙心平气和地解释说:"当时他是公子纠的师傅,当然要忠心耿耿地为他的主人办事,管仲有勇有谋,是天下奇才。主公想富国强兵,称霸中原,没有他的辅佐是办不到的。"齐桓公见鲍叔牙如此大力推荐管仲,便同意了,但问道:"可是管仲现在还在鲁国,我们怎么才能得到他呢?"

鲍叔牙说:"我自有办法。"于是他就设计逼鲁国交出管仲。

管仲到了齐国后,齐桓公果然不记一箭之仇,拜管仲为相国,而鲍叔牙则心甘情愿做了管仲的副手。管仲为齐桓公的宽宏大量所感动,运用自己的聪明才智,忠心为齐国服务,帮助齐桓公做了中原第一霸主。

后来管仲病重,齐桓公问他可以推荐谁来当相国接替他,管仲并没有因为鲍叔牙救过自己而推荐他,而是推荐了比鲍叔牙更贤能的人。鲍叔牙不但没有因此责怪管仲,反而认为管仲忠于国家不讲私人交情,做得很对。这两人以国事为重,胸怀坦荡,深为后人所敬重。鲍叔牙和管仲这一对好朋友的故事,历史上称之为"管鲍之交"。

霸主: 春秋时势力最强、处于首领地位的诸侯叫霸主,意思是把持国际局势的强人。霸主推行的政令就叫作霸政。

17 曹刿长勺退敌

鲁庄公败给齐国之后,一直怀恨在心。于是他暗中整顿军队,加紧操练,打算征伐齐国,出出这口气。齐鲁两国即将爆发一场大战!

齐桓公即位后,得到管仲的帮助,国力大有发展。他一心想当霸主,总想找个机会露一手,树立自己的威信。听到鲁国在备战的消息,便对管仲说:"我看我们应该先下手为强,趁他们还没准备好,攻他个冷不防,把鲁国打垮,你看怎么样?"

管仲不同意马上去打鲁国:"主公刚即位,本国尚未安定,列国还没交好,怎么能去攻打别国呢?"

齐桓公正在兴头上,哪里听得进这番劝告?同时他又看不起鲁国,低估了他们的实力,认为要战胜他们是很容易的。所以就在即位的第二年,也即公元前684年,任命鲍叔牙为大将,出兵攻鲁,一直打到鲁国的长勺。

鲁庄公急起应战。眼见齐军大兵压境,百姓们十分愤慨,其中有个叫曹刿的鲁国人挺身而出,要为国家出力。有人劝他说:"国家大事自有那些当官的筹谋解决,你一个老百姓何必去操这份心呢!"

曹刿说:"那些吃鱼吃肉的官员目光短浅,能有什么好办法?眼看国家危急,我怎能不管?"

于是他去见鲁庄公。鲁庄公正发愁身边没有谋士,听说有人来献策,立刻召见。

曹刿见了鲁庄公就问:"齐国的大军已经打过来了,请问主公靠什么来战胜齐军呢?"

鲁庄公回答说:"平时有什么好吃的好穿的,我总是分给臣下一起享用,从来不敢独占。我想,大家就会支持我啦!"

曹刿听了直摇头:"这不过是些小恩小惠,而且只是您身边的少数人得到,老百姓是不会为您去卖命的。"

鲁庄公又说:"我在祭祀的时候总是诚心诚意的,从不弄虚作假。我想,神灵会保佑我的。"

曹刿说:"对神虔诚是本分,神不会特别保佑你打胜仗的。"

鲁庄公接着说:"老百姓来打官司,我虽不能把每件案子都查清楚,但我总是尽可能处理得公平合理。"

曹刿点头说:"这还差不多。关心老百姓的疾苦就能得民心,凭这一点就可以去打。"

鲁庄公问他有什么办法可以战胜齐军,曹刿笑着说:"打仗这件事要随机应变,哪里有固定的方法呢?请您让我坐上车,到战场上去见机行事吧!"

鲁庄公见他一副胸有成竹的样子,也巴不得他一起去。于是两人同坐一辆兵车,带领人马直奔长勺。

战场上齐鲁两军摆开阵势,严阵以待。齐国的鲍叔牙因为打败过鲁军,所以根本不把鲁军放在眼里。他仗着人众马多,求胜心切,一开始就擂响了战鼓,发动进攻。鲁庄公听到齐军鼓声震天,沉不住气了,也想下令击鼓反攻。曹刿连忙阻止道:"且慢,还不到时候!"

他还请鲁庄公下令:"有吵嚷叫喊、随意行动、不听从指挥的,一律处死!"又要弓箭手稳住阵脚。齐兵随鼓声冲了过来,但见鲁军阵势稳固、纹丝不动。齐军见无隙可乘,便退了回去。

过了一会,齐军又打鼓冲锋,但鲁军仍守住阵脚,一个人也没有出来应战。这样连冲两次,都不见鲁军出动,鲍叔牙更得意了,对手下说:"看来鲁军是吓破了胆,不敢出战。我们再冲一次,他们必垮无疑。"

鲁军将士看到齐军嚣张的样子,个个气得摩拳擦掌,但是没有主帅的命令,只好憋气等待。而齐兵忙了半天,不见有收获,都有些疲倦了。鲍叔牙不死心,下令打第三通鼓。曹刿手持宝剑说道:"打败齐军,在此一举!"请鲁庄公下令击鼓冲锋。齐军以为这次冲锋也会和上次一样徒劳无功,所以一个个拖矛扛枪,无精打

战鼓:古代作战时为鼓舞士气而打的大鼓,也用其作为发起进攻的信号。

曹刿长勺退敌

采地跑过来。不料鲁军这边鼓声大作,士气高涨的鲁兵似猛虎下山般扑了过来,大砍大杀,弓箭齐发,直杀得齐军七零八落,狼狈逃窜。

鲁庄公连忙要下令追击,曹刿拦住他说:"先别急,让我看看!"说着,他跳下兵车察看地面上齐军战车留下的车辙,又登上兵车望了望前方,过了一会才说:"可以下令追击!"鲁军一直向前追了三十多里,缴获了齐军的许多兵器军马,大获全胜。

鲁庄公非常佩服曹刿镇定自若的指挥,但是他有点不明白,便问曹刿:"齐军头两次擂鼓,你不让我迎战,为什么要等到第三次?"

曹刿回答说:"打仗凭的就是士气,擂鼓就是鼓舞士气的。擂第一次鼓,士气最旺盛;擂第二次鼓,士气

战车: 古代用于作战的车辆,战斗时用以冲击追逐,行军时用以运载军械粮草,驻军时用以结阵扎营。每辆战车配有一定数量的士兵,所以战车又是计算兵力的单位。

车辙: 车轮碾压道路形成的痕迹。

就差了一些；擂第三次鼓的时候就剩不了多少士气了。对方泄气的时候，我们的士兵却一鼓作气地冲过去，哪有不赢之理？"

鲁庄公接着又问为什么不让他马上追击。曹刿说："齐国兵力雄厚，他们的逃跑也许是条计，设下埋伏来打我们，所以我们不能仓促追上去。等我看到他们的车辙混乱了，远远望见他们的军旗东倒西歪，知道他们确是狼狈败逃，这才可以下令追击。"庄公听了恍然大悟，称赞曹刿真是一位精通兵法的将军。

这就是历史上有名的长勺之战。曹刿的战争理论，包括"取信于民"，以及对士气的分析"一鼓作气，再而衰，三而竭"都是很高明的。后来在曹刿的指挥下，鲁国击退了齐军，局势才稳定了下来。

18 不自量力的宋襄公

公元前643年，齐桓公病死，国内大乱，奸臣把公子无亏推上王位，桓公在世时立的太子——公子昭逃到宋国，请宋襄公保护他。

宋襄公护送公子昭，率领四国军队打到齐国，齐国一批大臣见形势不好，就杀了无亏，迎接公子昭即位，这就是齐孝公。宋国的威望就此提高了。

宋襄公本来没什么本事，自认为拥立齐孝公即位是立了大功，便想接替齐桓公当盟主。当时的大国只有齐和楚，他想用大国来压服小国，便和齐、楚两国商议好，在那年七月约各国诸侯在宋国盂地开大会。

公子目夷劝宋襄公说:"您别看楚成王说得好听,不知他心里在打什么算盘呢,您可不要上他的当啊!"

宋襄公回答说:"你太多心了。我以忠信待人,别人还忍心欺骗我吗?"

公子目夷说:"楚王是个反复无常的人,您还是带点儿兵去吧。"

宋襄公不肯,说是已和齐、楚国君说好都不带兵车的,他不能说话不算数。公子目夷又提出自己要带兵埋伏在会场以外三里的地方,以防万一。但宋襄公连这点也不同意,公子目夷只得空手跟他去。

果然,会上楚成王和宋襄公为争当盟主而吵了起来,那些小国都怕楚国,所以都附和楚成王。宋襄公还想和楚成王讲理,只见楚成王的一班随从纷纷脱掉外衣,露出一身闪亮的铠甲,手执兵器,一窝蜂似的奔上台来,把宋襄公抓走了。公子目夷乘混乱逃了回来。

后来,由齐国和鲁国出面调解,让楚成王做了盟主,这才把宋襄公放了回去。宋襄公想称霸不成,反而出尽了洋相。他只是在拥立齐孝公成功后显赫了一时,是春秋争霸中昙花一现的人物。

从此，宋襄公对楚成王恨之入骨，但也拿他没办法。对上次开会时发生的事，宋襄公一直不服气，特别是听说邻近的郑国最积极支持楚国，和楚成王一起反对他，更使他恼恨万分，他便想找机会征伐郑国，出出这口气。

公元前638年，郑文公去楚国朝拜，宋襄公认为时机已到，不顾公子目夷和大臣们的反对，亲自带兵去攻打郑国。正在楚国的郑文公听到这个消息后，便马上向楚成王求救。楚成王很有计谋，他不直接去救郑国，却派大将带领大队人马去直接攻打宋国。宋襄公没提防这一着，慌了手脚，连忙带兵赶回来，在泓水的南岸扎好了营盘，楚国兵马也开到了对岸，两军对峙。

司马公孙固劝宋襄公说："楚兵来是为了援救郑国

铠甲：古代士兵打仗穿的护身服装，多用金属片缀成。
泓水：今河南省柘城县北。
营盘：指部队扎营的地方。现在称营地、营房。

的，现在我们已从郑国撤了兵，楚国的目的也就达到了。我们力量比不上楚军，不如和楚国讲和算了。"

宋襄公说："楚国虽然兵强马壮，但他们缺乏仁义；我们虽说兵力不足，可是举的是仁义大旗。他们的不义之兵怎么打得过我们这仁义之师呢？"宋襄公还下令做了一面大旗，绣上"仁义"两个大字，认为"仁义"无敌于天下，可以战胜楚国的刀枪。

天亮以后，楚军开始过河，进攻宋军。这时形势对宋军有利。公孙固对宋襄公说："楚国仗着他们人多兵强，故意在白天过河，不把我们放在眼里。我们趁他们还没渡完河的时候，迎头打上去，一定能胜利。"

宋襄公指着头上的"仁义"大旗说："你看见这'仁义'两字吗？我们是仁义之师，怎么可以趁敌人还没渡完河就打呢？"

公孙固在心中暗暗叫苦。过了一会，楚军已全部渡完河。楚将成得臣身穿锦绣战袍，外披软甲，腰挂雕弓，手执长鞭，指挥兵士布阵，傲视阔步，一副目中无人的样子。公孙固又向宋襄公建议说："楚军正在乱哄哄地布阵，这下不能再等了！趁他们还没摆好阵势，我们赶快打过去,一定可以乱了他们的阵脚。要是再不动手就来不及了。"

宋襄公责备他说:"不行!人家还没有布好阵,怎么能动手呢?这算仁义吗?"

公孙固心里暗暗叫苦。眼见楚军已摆好阵势,人强马壮,漫山遍野,声势浩大。一阵战鼓响起,楚军像大水冲堤般哗啦啦直扑过来;宋襄公手执长矛,带领将士,催战车攻进去。但是宋军哪是楚军的对手?厮杀不一会儿,将士们一个个身受重伤,败下阵来。"仁义"大旗被楚军夺去,宋襄公的大腿上中了一箭,身上好几处受伤。公孙固和几员大将奋勇冲杀,才把宋襄公救出。大战结束,宋军的兵车已损失了十之八九,兵器、粮草都已丢光,将士们死的死、伤的伤,溃不成军,损失惨重。老百姓见此,都埋怨宋襄公不听公孙固的话而遭此惨败。

宋襄公一心想当霸主,可是由于国家小,力量弱,加上他又愚昧无能,反倒在历史上留下笑柄。他的伤很重,一年后去世了。临终时,他吩咐太子说:"楚国是我们的敌人,记住要报这个仇。"又说:"我看晋国的公子重耳是个有志气的人,将来会成为霸主。你有困难的时候,可以去找他。"

这位口口声声标榜"仁义"的宋襄公,就这样糊里糊涂地把命赔上了。

19 公子落难十九年

正因为君主是一国之主，拥有至高无上的权力，为了争戴这顶冠冕，历来朝廷间演出了多少父子相害、手足残杀的悲剧，晋国国君之争就是其中一个故事。

晋献公和夫人生了一男一女，男的是太子申生，女的后来嫁到秦国去了。后来晋献公又和四个妃子分别生下了四个儿子：重耳、夷吾、奚齐、卓子，奚齐的母亲

冠冕： 古代帝王、官员戴的帽子。

是晋献公最宠爱的骊姬。晋献公在夫人死后立骊姬为夫人,骊姬想立自己的儿子奚齐为太子,便想出一条毒计。她假冒申生之名,使人送了一壶毒酒给晋献公,又故意让晋献公察觉酒里有毒。晋献公以为真是申生想害他,不禁大怒,便马上逼申生自杀。申生明白这是骊姬的诡计,但他生性驯良,不想揭发骊姬,便自杀了。

申生死后,骊姬又阴谋杀害比奚齐年长的公子重耳和夷吾。两位公子便赶快逃跑了,重耳跑到狄国,夷吾逃到梁国避难。

重耳是个很有才能的青年,在晋国很有声望,所以晋国一些能干的大臣,如狐毛、狐偃兄弟、介子推等都宁愿放弃官职,跟他流浪在国外,在狄国就住了十二年之久。

晋献公病死后,晋国发生了内乱。奚齐和异母弟弟卓子曾先后做过国君,但不久就被大臣们杀害了。原先逃到梁国的夷吾在秦穆公的帮助下,于公元前650年回国当了国君,即晋惠公。

晋惠公在位第十四年时得了重病,想把王位传给太子圉,又怕太子重耳回国抢夺王位,就派人到狄国去行刺重耳。

重耳得到消息后,带随从仓促逃跑。他们经过卫国,卫文公见他是个倒运的公子,不肯接待他。他们只得绕过卫国走,一路上又饥又渴,不得不乞讨些食物或吃些野菜维生。

他们饥一顿饱一顿,走了几天几夜来到齐国。齐桓公对他很客气,为他们安排住处,供应车马饮食,招待得十分周到,还把本族的一位美女齐姜嫁给重耳作夫人。

他们在齐国住了七年。后来齐桓公死了,他的五个儿子争夺君位,国势渐渐衰落下来。重耳的随从狐毛等人认为应该离开齐国了,但是重耳很迷恋眼下的安逸生活,没有想走的意思。于是几个随从在桑树林里商量如何以打猎为借口,把重耳骗上车拉走。正巧齐姜的使女在桑树上采桑叶,听到这番话后回去告诉了夫人。齐姜是个知书识礼的女子,她也觉得重耳不能一味在这儿享乐,这样会毁了他;目前夷吾在晋国很不得人心、重耳应趁此机会回国得到君位创立霸业。她劝重耳回晋国去,但是重耳不听。齐姜就和狐偃等人商量好,晚上设了酒宴把重耳灌醉，再把他抬上车，连夜出城。等重耳醒来，已经东方发白，车已远离齐国了。重耳无可奈何，只好和大家一起赶路。

他们先来到曹国。曹共公是个贪图享乐的昏君，手下的一批大臣也是**趋炎附势**的小人，都不愿理睬重耳这个落难公子。所以第二天他们就动身去宋国了。

宋襄公倒是很欢迎重耳的到来，因为泓水之战后他称霸的心仍不死，想多找几个人来重整旗鼓。可是宋襄公心有余而力不足，他自己正在病榻上养伤，哪有力量帮助重耳回国呢？重耳他们明白这情况，便离开宋国来到楚国。

楚成王隆重地欢迎重耳，用招待诸侯的礼节招待他，重耳也十分尊敬和感激楚成王，两人成了好朋友。重耳已重振斗志，筹划重返晋国的大事。有一次，楚成王开玩笑地问重耳："公子如果回到晋国，将怎样报答我呢？"

重耳说："金银财宝、珍禽异兽，贵国都多得很，我真不知道拿什么来报答大王的恩德。"

楚成王笑着说："那就不报答了吗？"

重耳想了想,说:"如果托您的福我能回到晋国,一定和贵国和睦相处,让两国百姓过上和平的日子。万一日后两国发生战争,我一定命令晋军退避三舍,来报答您的恩情。"

楚成王听了只当是开玩笑的话,并不放在心上,却气坏了楚将成得臣,事后他对楚成王说:"重耳这人狂妄自大,野心不小,趁早把他杀了吧!"楚成王不同意,认为重耳志向远大,他的随从又都有才干,将来会成大事的。正好此时秦穆公派人来接重耳,楚成王认为秦王力量强大,离晋国又近,一定可以帮重耳返国,就劝重耳到秦国去。

原来秦穆公曾帮重耳的异母兄弟夷吾当了晋国国君,没想到夷吾登位后反倒跟秦国作对,还发生了战争。夷吾死后,他儿子也跟秦国不和,所以秦穆王决定

小知识

趋炎附势:比喻奉承和依附一些有钱有势的人。
退避三舍:古时行军,三十里为一舍。退避三舍,就是后退九十里。

要扶助重耳，先派人把他接到秦国。

重耳到秦国后受到热情的招待，秦穆公还把自己的女儿怀嬴嫁给了重耳，后人就把两家结为婚姻的事称作"秦晋之好"。

公元前636年，秦国大军由公子絷带兵，护送重耳过黄河回晋国。秦军势不可当，晋怀公弃城逃跑，被人刺死，晋国的文武大臣拥立重耳为国君，这就是晋文公。

重耳四十三岁起逃难，到此时即位，已经六十二岁了，在外颠沛流离、寄人篱下整整十九年！长期的流亡生活使重耳和他的大臣们磨练了意志，丰富了见识，增长了才干。重耳即位后，整顿国内政治，发展生产，安定人心，晋国很快强盛起来了。后来北方的狄族攻打洛阳，周天子襄王出逃，晋文公发兵打败狄人，护送周天子回洛阳，立了一大功。不久，楚国攻打宋国，宋成王向晋国求救，晋文公发兵攻楚，但他遵守退避三舍的诺言，在**城濮**一地和楚军对峙时下令军队后退九十里，之后猛烈反击，楚军大败，晋文公又下令放楚军逃生，不再追击。就此晋文公威名远播，令诸侯敬服。周天子也派使者来奖赏晋文公，慰劳晋军。晋文公趁此大好机会约请诸侯会面,订立盟约,被诸侯拥立为霸主,称霸十年。

城濮: 今山东省鄄城县西南。

知多一点

  这个故事里有两个成语是我们现在常用的,但是一般人可能都不知道它们的原意。

退避三舍

  这里的"舍"不是房舍的意思,而是测量距离的单位,古代行军一舍即是三十里,三舍就是九十里。本是晋国公子重耳在楚国避难时,应承楚成王说日后若是两国发生战事,他将命令晋军在交战时向后退九十里,来作为对楚王的报答。

  现代人们则用于在日常生活中遇到与人有矛盾冲突时,主动回避,做出让步,避免冲突。

秦晋之好

我们现在经常在一些婚礼的贺辞中见到祝贺两家互结"秦晋之好",即是恭喜两家联姻,结为亲家,也称为"秦晋之匹""秦晋之偶""秦晋之盟"等,出典就在春秋时期秦晋两国不止一代的互相婚嫁。但在古代,"秦晋之好"往往是一种和婚,是为了双方修好而结亲。

在现代就消失了这个意思,通指两家的联姻。

20 秦穆公崤山封尸

秦国本是个西方小国。后来,秦穆公用五张羊皮赎得奴隶百里奚为丞相,在他的辅佐下,秦穆公实行各种改革,发展生产,操练兵马,打败了西戎,夺得大片土地。此时秦国实力很强,秦穆公已具备当霸主的条件。只是秦国在西边,与中原各国很少往来,不受大家重视,所以暂时没当成霸主。

晋文公死后,中原没有了霸主,秦穆公想向东发展势力,争取称霸。

秦国东边的郑国以前是投靠晋国的,秦穆公不愿跟晋文公撕破脸,所以一直没有动它。公元前628年,晋文公和郑文公先后病死，秦穆公便要出兵攻打郑国。经验丰富的老臣子蹇叔反对，说郑国离得远，行军路线那么长，士兵会疲劳不堪，郑国也有时间做好抵抗的准备，这仗打不得。秦穆公不听，任命孟明视为大将，蹇叔的两个儿子西乞术、白乙丙为副将，率领三百辆兵车，于公元前617年偷偷地去攻打郑国。

蹇叔哭着去为大军送行。他交给白乙丙一封装在袋子里的竹简，要他们务必照竹简上写的去做。晚上扎好营之后，三位大将打开竹简，见上面写道："这次出征，郑国并不可怕，可怕的是晋国。晋国的崤山一带地形险恶，你们经过那里的时候，千万要小心。否则，我要到那里去为你们收尸呢。"他们读后都觉得蹇叔写得太过分，未免过于悲观了。

小知识

竹简：战国至魏晋时代书写著作和文件的竹片，长二尺四寸，一简四十字。

崤山：今河南省洛宁县西北。

秦穆公崤山封尸

去往郑国的路上，秦军经过滑国国境。这时，忽然有人自称是郑国使者弦高，求见将军。孟明视心中大为一惊：郑国怎会派使臣到这儿来？怎么知道我们在这儿？

弦高的确不是什么使臣，而是郑国的一个贩牛商人。他在路上无意之中听一位从秦国来的朋友说起，秦国正派三个大将带兵来攻郑。这位爱国的商贩救国心切，他急中生智，一方面派人抄小路回国去报信，另一方面亲自带了十二头肥牛和四张牛皮来见秦军。

弦高见了秦将，就说："我们国君听说将军带兵经过敝国，特意派我来慰劳。"

孟明视叫人收下慰劳品，假意说："贵国国君新丧，我们国君怕晋国乘机来侵犯你们，叫我带兵来援助你们，没有别的用意。"

弦高走后，孟明视就下令改为进攻滑国。西乞术和白乙丙问他为什么改变计划，孟明视解释说："我们长途跋涉，就是为了出其不意地来个突然袭击。现在郑国已经知道了我们出兵的消息，肯定在做防御的准备，我们再去攻打是会吃亏的。不如攻打滑国，抢些财物回去,也算有个交代,没白跑一趟。"

于是秦军一举攻破了滑国,抢掠了大批金银财宝,启程回国。归途中经过崤山,白乙丙记起父亲蹇叔的话,便提醒孟明视要多加小心,防备晋军有埋伏。孟明视还陶醉在胜利的喜悦中,扬扬自得,不把白乙丙的话放在心上。他见山中空无一人,就让士兵脱下盔甲轻装前进。

晋国早就得到了秦军前来攻郑的情报,大将先轸认为这是打击秦国的好机会,便劝说新即位的晋襄公派兵在崤山拦击。

崤山地势险要,晋襄公亲自带兵在山谷中的最高处埋伏起来。等秦军一进入谷中,鼓声大作,杀声四起,只见满山旌旗晃动,晋兵从两面冲杀过来把秦军团团围住,并堵住出口在山谷中放起火来。山谷成了一片火海,秦军争相逃命,烧死的、挤死的、踩死的,不计其

旌旗:古代的一种旗子,旗杆顶上用五色羽毛作装饰,用以指挥或开道。

秦穆公崤山封尸

数。三员大将也成了晋军的俘虏，被押回都城，本打算用他们的头颅来祭祖，晋襄公的继母怀嬴是秦穆公的女儿，劝说晋襄公别因为这三名败将而伤了秦晋这两家亲戚的关系，晋襄公便把三人放了。大将先轸一听气坏了，急急派人去追，但孟明视三人刚好坐船渡过河去了。三人回到秦国后，秦穆公非但不怪罪他们，反而让他们依旧掌握兵权，他们就认真操练军队，一心要为国家报仇。

一年以后，孟明视认为可以出兵了，秦穆公便又让他们三人率领四百辆兵车去打晋国。没想到晋国在这一年里也加紧进行军事训练，时刻提防秦军回来报复，所以秦国刚出兵，晋军就迎出来；还没等秦军站稳脚跟，晋军就以泰山压顶之势冲过来，孟明视又吃了败仗。

秦穆公仍是没有治他的罪。孟明视从两次失败中认识到自己在练兵和作战的方法上都有毛病，于是他变卖了家产抚恤阵亡将士的家属，以表示对他们的歉意；自己就和士兵生活在一起，研究兵法，披星戴月昼夜苦练。过了两年，秦军已成为一支士气旺盛、兵强马壮的高素质军队了。

公元前624年，秦穆公亲自挂帅，出动五百辆兵车，配以精良的兵器，并拨出粮食钱财安顿好士兵的家属，大军就浩浩荡荡出发了。

大军渡过黄河后，秦穆公下令把渡船全部烧掉，表示不得胜利决不生还的决心。秦军士气高涨，斗志昂扬，一路上势如破竹，节节胜利，很快就收复了几处失地，又攻下了晋国的几个大城。晋襄公见秦军势头猛烈，就命令军队坚守，不许同秦军交战。秦军在晋国土地上耀武扬威，所向无敌。

最后，秦穆公率领大军到崤山，把三年前阵亡将士的尸骨收拾起来埋在山坡上。秦穆公穿上丧服亲自祭奠了一番，才班师回国。

西部小国和西戎各部族见到秦国打败了中原霸主晋国，便争先恐后前来朝贡，有二十多个小国和部族归附了秦国，秦国的国界向外扩张了一千多里。周襄王也派使臣赏给秦穆公十二面铜鼓表示祝贺，也就是承认了秦穆公西方霸主的地位。

21 楚庄王一鸣惊人

我们都知道"一鸣惊人"这句成语,常用来形容一些人平时默默无闻,却突然做出令人震惊的事来,这句成语的出典是在楚庄王的身上呢!

秦国打败晋国后,一连十几年两国之间没有发生战争,中原总算太平了。这时,南方的大国楚国却一天天强大起来。

楚国原是江汉流域的一个小国,素被称为蛮夷。西周时,楚国不断向北发展,吞并了许多姬姓小国,日渐强大。到了春秋时期,楚成王已把中原黄河以南地区变成自己的势力范围,并且不断向北推进。这样,晋楚两国就发生了尖锐的利益冲突，战事频频。周襄王二十年发生的城濮之战中，楚国败给了晋文公，楚国很不甘心，继承王位的楚穆王加紧操练兵马，发誓要和晋国决一雌雄。

但是，楚穆王突然得暴病死了，他的儿子继位，这就是赫赫有名的楚庄王。

那时，晋国见楚穆王病故，楚国忙于丧事，便趁机把以前被楚国拉过去的陈、郑等国又拉了回来，并重新会合诸侯，订立盟约。楚国的大臣们很着急，要楚庄王出兵与晋国决战。

谁知道楚庄王却每天白天出外打猎，晚上回宫喝酒、听音乐、看舞蹈，不过问天下大事，什么报仇、争霸，全都不放在心上，就这样糊糊涂涂地过了三年。大臣们去劝谏，他非但不听，还下令在宫门口挂上一块大

小知识

蛮夷：中国古代对南方各族的泛称，也用其泛指四方的少数民族，带贬意，指他们开化较迟，各方面落后于中原地区。

劝谏：直言规劝，使改正错误，一般用于下级对上级的规劝。

牌子，上面写：谁敢劝谏，立即杀头！

有个叫伍举的大夫实在看不下去了，冒死来见楚庄王。楚庄王一手拿酒杯，边喝边嚼鹿肉，醉醺醺地问道："你要喝酒还是看歌舞？"

伍举心情沉重地说："有人让我猜个谜，我猜不着，大王聪明过人，我想请您猜猜。"

楚庄王觉得有趣，说："是什么谜这么难猜？你倒说出来听听。"

伍举说："楚国都城的山上有只大鸟，五彩缤纷，美好多娇；可就是整整三年，不飞不叫，满朝文武，莫名其妙，这是只什么鸟呢？"

楚庄王明白他指的是什么，笑着回答说："这不是一只普通的鸟。这只鸟啊，三年不飞，一飞冲天；三年不鸣，一鸣惊人。你等着吧！"

伍举也明白了楚庄王的意思，高兴地向楚庄王磕了个头，说："大王到底英明！"

过了些日子，楚庄王仍是没有动静，照样享乐。另一个大臣苏从忍不住了，也去劝谏。

他一进宫门就嚎啕大哭。楚庄王问他为何这样伤心,他说:"我伤心是因为我自己就要死去,楚国也即将灭亡了。"

楚庄王问:"这话怎么说?"

苏从说:"我想劝谏您,您会杀我。您整天玩乐,不理朝政,楚国不就要亡了吗?"

楚庄王大怒:"你明知我要杀你,还来劝谏,怎么那样傻!"

苏从沉痛地说:"我是傻,可是您比我更傻。您杀了我,我会得到忠臣的美名;您亡了国,将会背上亡国之罪遗臭万年!我的话说完了,您要杀就杀吧!"

楚庄王激动地站了起来:"大夫的话全是忠言,你们都是真心为国家好,我怎么不明白呢?"他随即解散了乐队,遣走了舞女,决心告别奢华的生活,大干一番事业。

楚庄王首先整顿内政,撤掉身边一批奉承拍马的小人,把敢于进谏的伍举、苏从提拔到重要职位上,帮助

嚎啕大哭:放声大哭,痛哭。

他处理国事。同时扩充军队，制造武器，加强训练。当年就收服了南方许多部落，灭了庸国；第六年打败了宋国，第八年又打败了戎族，又在周朝的边界上阅兵示威，吓得周天子赶快派人去犒劳他。

这时，楚国的令尹是野心勃勃的斗越椒，他乘楚庄王伐戎不在王宫，要带兵造反。楚庄王回来镇压了叛乱，任用一位有名的隐士孙叔敖为令尹。孙叔敖组织人力开垦荒地，挖掘河道，发展农业生产，没几年工夫楚国就更富强了。

公元前597年，楚国和晋国大战于邲地，晋军从没这么惨败过，一半人马战死，一半在抢着渡河时被踩死溺死，全军覆没。

从此，这位一鸣惊人的楚庄王就成了霸主。

令尹：春秋战国时代楚国所设的官名，是楚国的最高官职，掌军政大权，相当于相国、丞相。

邲地：今河南省荥阳东北。

22 晏子使楚

古今中外各国的历史中，出现过一些杰出的外交人才，他们有过人的聪明才智和胆识，以及能言善辩的急才，面对一些不怀好意的挑衅，能义正词严地给予针锋相对的回击，以维护国家和人民的利益。两千多年前，在中国就曾经出现过这样一位令人折服的优秀外交家——晏子（本名为晏婴，别称为晏子）。

楚国称霸后，各国诸侯纷纷前来进贡朝拜，齐景公

小知识

进贡： 封建时代藩属对宗主国，或臣民对君主呈献礼品。

派出上大夫晏婴出使楚国，为两国修好。

楚国当时的国君是楚灵王，他专横跋扈，目空一切，不把中原国家放在眼里。听说齐国使者来访，楚灵王便召集大臣商量对策说："晏婴身高不足五尺，其貌不扬，但以贤良闻名。今天我想侮辱他一番来显显楚国的威风，你们有什么妙计？"

太宰说："晏婴善于应对，只准备一件事是不够的，必须如此如此……"

这天，晏子乘车来到楚国都城门口，见城门不开，就唤人叫门。守门人指着城门旁一个刚挖好的洞说："大夫从这洞进去绰绰有余了，何必用门呢？"

晏子冷冷地答道："这是狗洞，不是城门。我要是来狗国，就钻狗洞；我来访的如果是人国，就应当从城门进。"士兵飞报楚灵王，楚灵王叹道："我想戏弄他，反而被他戏弄了。"便下令开城门请晏子进城。

进城后，忽见从大街上驶过来两辆车，车上站满了魁梧高大的汉子，个个身披盔甲，手握大弓长戟，如同天神一般，说是来迎接晏子的，其实是楚灵王要用这些大汉来衬托晏子的矮小。晏子说："今天我是来同贵国修好的，又不是来打仗，用这些武士做什么？"就把他们斥退了。

在朝堂上，楚灵王接见了晏子。他一见晏子便故意装出一副惊讶的样子说："难道齐国没有人了吗？"

晏子答道："齐国人多得很呢！街上的人所呼出的气就能成云，所挥的汗就能成雨；一年到头路上行人总是肩膀擦肩膀，脚跟碰脚跟，怎么能说齐国没有人呢？"

楚灵王说："那为什么派你这么一个矮小的人来呢？"

晏子双手叉腰，一字一板地说："既然大王问起，我就照实说吧。我国有个规矩：访问上等国家，要派上等人去；访问下等国家，就派下等人去。大人出使大国，小人出使小国。我是小人，最没出息，就派我来楚国了。"说完，装着自嘲似的哈哈大笑。楚灵王为他的机智暗暗感到吃惊，只得无奈地陪着干笑了几声。

这时，有人献上一盘橘子，楚灵王就递了一个给晏子，晏子接过来后连同橘皮就吃了起来。楚灵王拍手大笑："齐国人没吃过橘子吗？怎么不剥皮？"

晏子对答说："人们常说，凡是国君赐食的，进食时瓜果不能削皮，柑橘不能剥皮。今天承蒙大王赐我食橘，就好比是我的国君赐食。大王没有命令我剥皮，我怎能不全吃下去呢？"楚灵王听后对他肃然起敬，请他坐下一起喝酒。

席间，武士们拉着一个囚犯从殿下走过。楚灵王问："这犯人是哪儿的人？犯了什么罪？"

武士回答说："是个盗贼，齐国人！"

楚灵王嘻嘻地笑对晏子说："齐国人都习惯偷盗吗？"大臣们也都得意地笑了起来。

晏子从席上站了起来，严肃地对楚灵王和大臣们

长戟：古代兵器，在长柄一端装有青铜或铁制的枪尖，旁边附有月牙形锋刃。

说:"人们常说,橘子长在淮河以南,果实又甜又大;把它移栽到淮河以北,果实就成了又酸又小的枳。为什么呢?因为水土不同。同样的道理,齐人在齐国不偷盗,到了楚国却偷盗,这是楚国的水土问题造成的,与齐国又有什么关系呢?"楚灵王无话可说,只得向晏子赔不是,说:"我本来想取笑大夫,想不到反被大夫取笑了。是我不好,请别见怪。"于是赠送了厚礼给他。楚国的大臣们都觉得自己不是晏子的对手,对他十分敬佩。

晏子回齐国后,齐景公为了表彰他屡胜强楚之功,要尊他为上相,赐给他名贵的皮裘,还要封地给他,但是晏子一样也不接受。齐景公钦佩晏子之忠厚,更重用他了。晏子此次楚国之行不仅大减楚国的威风,大长齐国的志气,而且为齐景公提供了一些重要的情况。不久,齐景公对楚国发动进攻,取得很大的胜利。

上相:对宰相的尊称,居首位的宰相。

知多一点

　　"晏子使楚"是一个很有名的历史故事,讲述齐国出色的外交家晏子如何不卑不亢,从容应对企图侮辱他的楚灵王,维护了国家与个人的尊严。故事里面有些成语是我们应该了解和学习运用的。

　　晏子在回答楚灵王"难道齐国没有人了吗"的挑衅性问题时说:"齐国人多得很呢!街上的人呼出的气就能成云,所挥的汗就能成雨;一年到头路上行人总是肩膀擦肩膀,脚跟碰脚跟……"这段话日后成为形容人多拥挤的两句成语:"挥汗成雨"和"摩肩接踵"。

挥汗成雨

"挥汗成雨"的本意是街上人多,大家用手抹汗,洒出去就像下雨一样,但现在也用来形容一个人出汗很多。

摩肩接踵

"摩肩接踵"的原文是"肩摩毂击",形容路上人多车多,人们的肩膀相摩,走路差不多紧挨,车轮与车轮相撞。但因为"毂击"这个词不太通俗,就演化为"摩肩接踵"。

橘化为枳

在"晏子使楚"这个故事中,楚灵王故意以一名齐人盗贼来讥讽齐国人,晏子则以生长在淮南的柑橘移到淮北就变成又酸又小的枳,反击说一个人在坏的环境里也会随之受到影响而变坏。这段话流传下来的成语就是"橘化为枳",说明生活环境会影响人的成长。

23 伍子胥过关

你听说过人的头发在一夜之间会变白的事吗？信不信由你，但这故事却是两千多年前就在中国流传了下来……

公元前546年，由宋国大夫出面调停，晋、楚等国在宋国举行了"弭兵会议"，晋楚两国大夫代表南北十几个国家讲了和，订了盟约。此后五十多年中，这些国家之间的确没有发生过大的战争，晋楚争霸的局面也接近尾声。

此时，在长江下游却有吴国和越国先后崛起，这里我们先说说吴国的故事。

吴国占有现在江南的苏浙一带,它本是楚国的属国,春秋后期才渐渐强盛起来,曾攻破强大的楚国,又战胜了在它南面的越国,称霸中原。创立霸权的是吴王阖闾和他的儿子夫差,他们手下有文武两大名将:伍子胥和孙武。

伍子胥本是楚国人,他怎么成了吴国的重臣,帮助吴王打败楚国呢?这里有一段曲折的故事:

楚国的王位传到楚庄王的孙子楚平王时,国势已渐衰落了,楚平王却又偏信一个叫费无极的奸臣,这家伙专会<u>溜须拍马</u>,常常出坏主意。

首先,费无极怂恿楚平王娶了秦哀公的妹妹、美貌的孟嬴——本来秦王是准备把她许配给楚平王的儿子、太子建的。费无极担心太子建知道这事后会找他算账,便又在楚平王面前挑拨说太子建正在招兵买马准备回来

弭兵:弭,平息、消灭之意。弭兵即平息战争、休战的意思。
溜须拍马:比喻谄媚奉承。

报仇。楚平王把太子建的老师伍奢召来责问，伍奢就是当年劝谏楚庄王的伍举的后代，他为人耿直，责备楚平王不该听信小人谗言，楚平王一怒之下把他抓进了监狱。费无极又唆使楚平王派人去杀太子建，并逼伍奢写信给儿子伍尚和伍员（即伍子胥），想把他们叫回来后一起杀掉，斩草除根。

太子建听到这消息后立即逃到宋国去了。伍尚回到郢都，与父亲伍奢一起被楚平王杀害，伍子胥从楚国逃到宋国，找到了太子建。不巧宋国正好有内乱，楚国要派兵来干涉，太子建和伍子胥赶快逃到郑国，想请郑王帮他们报仇。郑定公没同意，太子建竟勾结晋国想篡夺郑定公的大权，被郑定公杀了。伍子胥只好带着太子建的儿子公子胜逃出郑国，去投奔吴国。

楚平王早就下令悬赏捉拿伍子胥，叫人画了他的像，挂在各地城门口，嘱咐各地官吏严加盘查。伍子胥带公子胜一路躲逃，既怕郑国人来追，又怕楚人来捉，只好白天藏在深山里，夜晚赶路。走了十几天，来到了楚国和吴国交界的昭关。这里是设在两座山之间的一处险关，过了关就到了吴国，所以楚平王派大将在此守候，谁要过关，都得把他和伍子胥的画像对照一下，以免伍子胥混过去。真像是铺下了天罗地网，让人插翅难飞。伍子胥和公子胜在昭关附近停了好几天，眼望昭关就是过不去，伍子胥焦虑过度，一夜之间竟然愁白了头发和胡子！

后来幸亏伍子胥遇到一个好心人东皋公，他很同情伍子胥的遭遇，为他想了一条计策：他找了一个相貌酷似伍子胥的友人，让他冒充伍子胥过关。守城的将士以为抓到了伍子胥，高兴地押去邀功，就放松了检查，加上伍子胥白了头发，不仔细看还真认不出来，就顺利地混在人群中过了关。

伍子胥到了吴国，协助公子光即位，就是吴王阖闾。阖闾封伍子胥为大夫，帮助他处理国事；又用了将军孙武整顿兵马，吴国大为强盛，很快便兼并了附近几个小国。公元前506年，阖闾亲自率领大军向楚国进攻，

昭关：今安徽省含山县西北。

连战连胜,一直打到郢都。那时,楚平王已死去,楚昭王也逃走了。伍子胥恨透了楚平王,找到他的坟地,刨平了墓,把楚平王的尸首挖出来,用钢鞭狠狠地鞭打了三百下,这才稍稍平息了心中多年的仇恨。

后来秦哀公派兵救楚国,击败了吴军,吴王阖闾才撤兵回国。

24 孙武练女兵

你知道吗？《孙子兵法》是中国及世界上现存的最古老的兵书，历代君主及军事家都学习过，运用它来指挥战争，治理国事。到如今，在世界各地，仍有不少人在研究这部奇书。你一定想知道这部对人类影响深远的兵书的作者是谁吧？他就是春秋时期的大军事家孙武。

说起这位大军事家，倒还有一段他亲自出马训练红妆女兵的趣事呢。

小知识

红妆：妇女的红色装饰，泛指艳丽的装束，用以统称青年妇女。

孙武本是齐国人，因避难来到吴国，隐居在山中。此时，吴王阖闾想伐楚称霸，虽已有伍子胥为大夫整顿内政，但仍缺少一位军事上的领导人才。伍子胥看出吴王的心思，便向他推荐孙武，说孙武精通**韬略**，自著兵法十三篇，在军事上很有独到的见解，若是能请他当军师，吴军将无敌于天下。阖闾大喜，便让伍子胥带着黄金白璧，到山上去请孙武。

孙武见阖闾诚心请他出力，便随伍子胥出山来见阖闾。阖闾走下台阶来迎接他，随即一起坐下谈兵法。孙武先献上他自己所写的十三篇兵法，阖闾命伍子胥从头到尾朗读一遍，边听边点头赞许。听完后阖闾说："先生真是通天奇才啊！但是我国兵力弱小，应该怎么做呢？"

孙武说："我的这部兵法不单可以用来训练军队，甚至是妇人女子，只要用我的办法来训练，也可以练出来派上用场。"

阖闾笑而不信，孙武就要求吴王让他试试。

阖闾就召来宫女三百人，交给孙武去操练，他自己就坐在台上观看。

孙武把这些宫女分成两队，让阖闾最宠爱的两个宫女分别担任两队队长，宣布了军法三条，约定次日在教场操练。

第二日两队宫女都来到教场，一个个身披甲胄，头戴兜鍪，右手拿剑，左手握盾，十分威武。孙武把号令交代清楚：两队要伏地听令，鼓声响一遍时，两队站起来；鼓声响两遍时，左队转右，右队转左；鼓声响三遍时，都要摆出刺剑作战的样子。然后孙武让人把斧钺等兵器放在阵前，三令五申：如果不听号令，就要遭到军法处分。

操练开始，响起第一阵鼓，这些平日轻歌曼舞的宫

韬略： 韬，原意为弓或剑的套子。"六韬""三略"都是古代的兵书，后来就称用兵的计谋为韬略。

甲胄： 古代战士用的铠甲。

兜鍪： 古代作战时戴的头盔。

孙武练女兵

女哪习惯这种死板的操练？一个个嘻嘻哈哈，七扭八歪，一副乱哄哄的样子。孙武说："号令没说清楚，动作没讲明白，所以你们操练不好，这不能怪你们，是我做主将的责任。"于是他把规定的号令又反复讲了几遍，传令击鼓。谁知宫女们仍是乱七八糟，哄笑声一片。孙武大怒，高声说："先前，没有把号令讲清，你们也不熟练，那是我主将的责任；现在，号令已交代清楚，你们不按号令去做，那就是你们的责任了。依据军法，应该处罚你们的队长！"于是，他下令把左右两个队长捆绑起来斩首。

阖闾一见孙武要斩那两个宠爱的宫女，大吃一惊，连忙派人传令说："大王已经知道将军是善于用兵的了。但这两个宫女万万杀不得，没有她们服侍，大王连饭也吃不下的！"孙武说："我已接受大王任命当了主将，军中无戏言，军法如山，不然怎能令众人信服呢？"于是下令把两个宫女斩首，又指派了另外两位队长，重新开始操练。宫女们吓得个个花容失色，这下连大气也不敢出，都聚精会神地按鼓声操练，或左或右，或前或后，一点儿差错也没有。

练完后孙武向阖闾报告说:"兵已操练好,大王可以使用她们了,这支军队现在能服从您的任何命令,即使赴汤蹈火也不会退缩。"

阖闾心痛失去两位美女,有点不想用孙武的意思。伍子胥劝他不能为了美人而失去良将。阖闾醒悟,任命孙武为上将军,统率军队,后来取得了伐楚的胜利。凯旋后,孙武不愿做官,回乡隐居了。他为后人留下的《孙子兵法》是一部杰出的军事著作,17世纪以来被译成日、英、法、德、捷、俄等国文字,在世界上影响很大,孙武被西方军事学家尊称为"东方兵圣"。

25 吴越争霸

吴王阖闾打败了强大的楚国之后，一心想向中原地区扩展势力，当诸侯的领袖。但是，处在它南面的越国也渐渐强盛起来，开始对吴国构成了威胁。越国当时的国力远不如吴国，阖闾打算在北上争霸之前先征服它，就此展开了吴越两国之间长达十数年的争霸战。

公元前496年，越王允常死了，勾践继位当了国君，阖闾认为时机已到，便不顾伍子胥的反对，亲自带兵进攻越国。

吴越两军在 携李 一地对垒。越王勾践看到吴军阵容严整，无法突破，就先派敢死队冲上去进行试探性的攻击，可是敢死队的士兵两次都被吴军俘虏了，吴军阵地仍是岿然不动。勾践感到要破吴军不能强攻，要用智取。于是他心生一计：强令一批被判死刑的囚犯排成三行，脖子上架着宝剑，来到吴军阵前高喊："我们犯了军令，不配当军人，愿以死赎罪。"然后一齐自刎了。这可怕的怪事使吴军将士大为震惊，他们看呆了，放松了警惕，这时越军出其不意地发起袭击，吴军被打得措手不及，全线崩溃，阖闾也受了伤。

这次意料之外的失败给吴王阖闾的打击很大，再加上他年事已老，又受重伤，所以死在回国途中。临死前他嘱咐儿子夫差要替他报仇。为了鞭策自己，夫差派人站在宫殿门口，每次出入，让他们厉声问道："夫差！你忘记越王杀死了你的父亲吗？"夫差回答说："不，我不敢忘记！"他日夜加紧练兵，等三年服丧完毕后，

携李：今浙江省嘉兴县西南。

服丧：自己的长辈或平辈亲属死后，遵照礼俗，在一定时期内戴孝，表示哀悼。

吴越争霸

便派伍子胥出任大将，伯嚭为副将，带领军队攻越。

越王勾践与大臣们商量对策。大夫范蠡认为吴军经三年操练，兵强马壮，要避开它的锋芒，不宜硬碰。另一位大夫文种也认为应暂时求和，让吴国退了兵再说。勾践认为不出兵会被人笑话，于是亲自率兵迎敌。

这次打的是水战。夫差站在船头亲自擂鼓助战，吴军乘风顺水而下，箭像雨点般射向越国兵船。越军逆水而行，完全处于被动挨打地位，死伤无数。勾践只得弃船上岸，带着残兵败将五千人退到会稽山上躲了起来。吴兵乘胜追击，包围了会稽。

勾践见大势已去，只得派文种去向夫差求和，表示愿意投降，接受称臣为奴的屈辱条件。伍子胥坚决反对讲和，主张趁机灭掉越国，以除后患。文种打听到伯嚭是个好色贪财的人，便私下送了他一批美女和珍宝，请他在吴王面前讲讲好话。伯嚭果然劝说夫差接受了越国

会稽： 今浙江省绍兴县东南。

的投降，条件是要勾践亲自到吴国侍候吴王。

吴国撤兵后，勾践带着妻子和范蠡来到吴国服劳役。夫差让他们住在阖闾墓旁的一间石屋里，叫勾践为他喂马，范蠡也跟着当奴仆。夫差每次坐车出门，勾践就为他拉马。夫差见他们穿的是破衣烂衫，吃的是糟糠野菜，整日打草砍柴、看马喂食，安分守己，毫无怨言，便以为他们的斗志已被磨蚀掉了，不再提防他们，三年以后便放他们回国。

勾践回国以后，立志发愤图强，报仇雪恨。他唯恐眼前的安逸生活会消磨掉斗志，便特意给自己安排了一个艰苦的生活环境。他撤掉舒适的床铺，晚上睡在稻草堆上，枕戈而卧。他还在屋里挂了一只苦胆，吃饭的时候先尝尝苦胆的苦味，问自己："你忘了会稽之围的耻辱吗？"这就是后人传诵的"卧薪尝胆"的故事。

同时，勾践夫妇还亲自参加耕种和织布，来鼓励发展生产。全国上下齐心合力，终于使越国转弱为强。吴王夫差却因战胜了越国而骄傲起来，一味贪图享乐。越王勾践派人物色到美女西施送给他，又送去上好木料给他修建宫殿，想尽办法讨得夫差的欢心，取得他的信任,使他对越国放松警惕。伍子胥见国家危急,一再劝阻,昏庸的夫差非但不听忠言,反而听信了奸臣伯嚭的谗言,竟赐剑给伍子胥,逼他自杀了。

公元前482年,吴王夫差伐齐大胜,约会诸侯,当上了盟主。正在得意之时,勾践乘虚而入,率领五万大军攻进吴国都城姑苏,活捉太子。夫差急忙求和。四年后,准备充足的越军再次大规模进攻吴国,包围了吴国都城。夫差走投无路,悔不当初,拔剑自杀了。

勾践灭了吴国,北渡淮河约会中原诸侯,成为又一个霸主。

糟糠:酒糟、米糠等粗劣的食物,旧时穷人用以充饥。

26 大教育家 孔子

古时候的私塾学堂里，都挂着孔子的画像，尊他为至圣先师。凡是新学生入学，一定要点起香烛来先敬拜孔子再拜老师。为什么后人这么尊敬他呢？孔子究竟是什么人呢？

孔子姓孔名丘，字仲尼，是春秋时代鲁国人。他是中国古代的大思想家与大教育家，是儒家学派的创始人。后人尊称他为"孔子"，"子"是先生的意思。

孔子小时候家里很穷，三岁时父亲就死去了，孔子与母亲相依为命。他喜欢读书，十五岁时立志向学，饱览群书，尊崇周礼，二十岁时已很有名气了。为维持生计，他曾做过管理粮仓和牲畜的小官"委吏"和"乘田"，官职虽小，他却勤勤恳恳，做得很好。

孔子三十岁时，鲁昭公见他勤奋好学，派他到洛阳去考察周朝的礼仪和音乐。回国后他的学问更好了，成为一个知书达礼的人物。许多人慕名前来，向他学习礼仪。

孔子是个很有抱负的人。他主张恢复周礼，以维护社会安定，巩固王室统治。本来他想把自己的抱负在鲁国实现，将鲁国建成繁荣富强的国家，可惜当时鲁国政治混乱，朝廷没有远见，不重用孔子。孔子就以教书为生，直到五十多岁才做了鲁国的大司寇，主管司法。他用仁德感化人民，用礼仪教导人民，结果鲁国政治修明，局势安定，不到三年，鲁国社会呈现一片祥和安乐

私塾： 旧时家庭、宗族或教师自己设立的教学处所。
儒家： 先秦时期的一个思想流派，以孔子为代表，主张礼治，强调传统的伦常关系等。从南北朝开始叫儒教。
大司寇： 刑部尚书的别称，掌管刑狱、纠察等事。

的气象。但后来鲁定公贪图享乐，不理朝政，孔子很失望，就领一批学生离开鲁国，开始周游列国，寻找贤君，推行他以礼治国的政治主张。

孔子曾到过卫国、晋国、曹国、宋国、陈国、楚国，都去拜见过各国国君，但没受到重用。因为春秋时期各国国君眼光短浅，心胸狭窄，忙于混战夺霸权，不认同孔子的理想和抱负。有些国君虽然曾留用过孔子，但是一旦孔子发现他们没有实行仁政的诚意，就立即挂冠而去。有一次，孔子和他的弟子一行人几乎饿死在陈国，但他仍不放弃寻找仁君。他曾开玩笑地说："我要出售我自己啊，有哪位君子高人要买呢？"这话正是孔子怀才不遇的写照。

孔子在外四处奔波十五年，碰了很多次钉子，受到一些冷言冷语的讥笑，但没有一个国君接受他所宣传的恢复周初礼乐制度的一套主张。公元前484年，孔子回到鲁国，开始编书和讲道授业的教学生涯，他要把仁道的主张教导给老百姓。

孔子先后收了三千多个门徒，身通六艺的有七十二人。他们都能遵奉孔子的教诲，传播孔子的思想，渐渐形成儒家学派,使中国五千年文化得以继承并发扬光大。

孔子主张"有教无类",使人人有机会接受教育;而且重视启发式的教育,他认为触类旁通、举一反三是最理想的教学方法。他和学生相处时亲切和蔼、轻松自然,在问答的形式中谈论诗、书、礼、乐,阐述自己的主张。《论语》就是记录了孔子和弟子及当世人的对话,以及弟子间谈话的一本书,书中句句含意深远,对人们的修身养性、求学处世很有帮助。

这时的孔子除了教育学生外,又编了很多古代的文

小知识

挂冠:辞官的意思。古代官吏要佩戴专有的冠带,不再做官就要脱下冠带。

六艺:古代学校的教育内容,即礼(礼节)、乐(音乐)、射(射箭)、御(驾车)、书(写字)、数(算数)。

有教无类:指招收学生没有门第、等级的限制。

触类旁通:掌握了关于某一事物的知识,而推知同类中的其他事物。

化典籍,如《诗经》《尚书》《春秋》等。此外,赞《周易》、定《礼》《乐》等,也都是这时做的工作。孔子的人格经长时间的修养,已达圣贤的境界。"仁"是孔子理想中做人的最高准则,也是孔子思想的中心。他认为:"人如果无仁的话,就不能称为君子。""约束自己的行为,使合乎礼就是仁。""仁就是爱人,只有仁者能够爱人,也能够憎恶人。"

孔子的政治抱负虽然没有实现,但他教育了很多学生,战国时期的孟子被认为是孔子学说的继承人,孔孟思想对中国几千年的文化有很大的影响。历来贤明的从政者都奉行孔孟的仁道,把国家治理得井然有序。中国的世世代代炎黄子孙都在孔孟儒家思想的影响下生活,中国人的政治组织、社会形态、道德观念和人生理想无不受到孔孟学说的影响。孔子被尊为万世师表,是中国历史上最伟大的思想家和教育家。

小知识

诗经： 中国最早的诗歌总集，本只称《诗》，被儒家列为经典之一，故称《诗经》。春秋时代由孔子编集，共有305篇周初至春秋中期的诗作。

尚书： 也称《书》《书经》，儒家经典之一。"尚"即"上"，意为上代以来之书。它是中国上古历史文件和部分追述古代事迹著作的汇编，相传由孔子编选而成。

春秋： 儒家经典之一，相传孔子依据鲁国史官所编《春秋》加以整理修订而成，记载鲁隐公至鲁哀公（公元前722年至公元前481年）共242年间的各国史事，是我国第一部编年体史书。

公元前479年2月18日，七十三岁的孔子病逝，葬在鱼城北方的泗水道。子贡为他守墓达六年之久。后来有很多人家陆续搬到那儿去居住，形成了一个村子，叫"孔里"。每年的孔子诞辰和逝世日，都有很多人到孔墓去祭祀。

▶ 孔子像

▲ 位于山东曲阜的孔庙,是祭祀孔子的本庙。

孔子的儒家文化是中华传统文化的核心，但是历史上一直存在尊孔与反孔的斗争，情况到底是怎样的呢？

在中国历史上，如何看待孔子以及他所创立的儒家学说，一直存在尊孔和反孔对立的两派。尊孔派长期处于主流思想体系，是官方意识形态的体现。反孔派最早是以商鞅、韩非为代表的法家，后来的秦始皇、朱元璋，以及历朝历代的造反者，都是有变革意识的人，大多是激进分子，不满现状，要求社会变革，要推翻以儒家思想来巩固自身权力地位和既得利益的统治者。

历史学家金景芳先生曾在一篇文章中说道："一般说，凡是治世都尊孔，凡是乱世都反孔。"因为孔子的学说有利于维护社会安定秩序，不利于破坏旧秩序、建立新秩序。有人就把这层意思归纳为几句很有意思的话：治尊孔，乱反孔；老尊孔，少反孔；文尊孔，武反孔；上尊孔，下反孔。回顾中国的历史进程，这个结论还是很有道理的。

自从1840年鸦片战争之后，社会经历了剧烈的动荡，尊孔与反孔不仅是学术上的争论，而且牵涉各个阶层的政治经济利益。近代的尊孔派主要有：清政府、北洋军阀、孔教会、国民党。反孔派则是：太平天国、晚清的一些启蒙思想家，如梁启超、章太炎等人，认为尊孔奉儒是一种愚民的办法。民国初期的短命总统袁世凯曾经把尊孔复儒推向高潮，并成立以康有为当会长的孔教会。但是1915年以陈独秀为首的新文化运动兴起，掀起了反孔高潮，提出"打倒孔家店"的口号，大文学家鲁迅也曾对儒学提出了尖锐的批评。到了国民党统治时期，政府又开始提倡儒学，要人们尊孔读经，重修孔庙，以孔子诞辰为"国定纪念日"。

　　中华人民共和国成立后，政府基本上提倡尊孔复儒，尊崇孔子的精辟儒家思想和教育精神，并在世界各地设立了数百家"孔子学院"，推崇孔子思想，倡导中国传统文化。每年在孔子家乡举行祭孔大典，召开纪念孔子诞辰的国际学术研讨会等，儒家强调的忠孝仁爱、安定团结有助于建立国民道德规范、整治社会秩序、维护国家和谐稳定。

大事表

三皇时代	
有巢氏	构木为巢，从野宿到树居
燧人氏	钻木取火，学会人工取火
伏羲氏	教民畜牧，开始渔猎畜牧
神农氏	教民耕作，发展原始农业
约公元前5000年至前3000年	仰韶文化
五帝时代	
约公元前2800年	新石器时代晚期龙山文化
约公元前2700年	黄帝战胜蚩尤和炎帝，被推为部族联盟共主
约公元前2400年	尧即天子位，勤政爱民，晚年禅让给舜
约公元前2300年	舜即位，勤政爱民，晚年禅让给禹
约公元前2200年	禹治服洪水，继舜位

夏朝	
约公元前2070年	禹之子启即位,建夏朝,世袭王朝出现
约公元前2000年	少康复国
约公元前1600年	夏桀无道,被商汤放逐,夏朝亡
商	
公元前1600年	商汤灭夏,建立商朝,信史时期开始
公元前1600至1046年	伊尹放逐太甲,代理国政。三年后太甲悔改,复位成贤君
约公元前1320年	商王盘庚迁都于殷,自此称殷商
西周	
公元前1046年	商纣无道,周国姬发伐商,纣王自焚死,商朝亡。姬发建周朝,即武王,西周开始,第一次分封诸侯
公元前1042年	武王病死,成王即位,周公旦摄政
公元前1040年	周公东征平定叛乱,迁都洛邑。第二次分封,制定宗法制度、井田制度

续表

公元前1036年	周公交权与成王,三十多年后康王继位,此为"成康之治"的全盛时期
公元前781年	周宣王死,幽王即位
公元前771年（周幽王十一年）	西戎攻镐京,幽王被杀,西周亡
东周（春秋时代）	
公元前770年（周平王元年）	周平王东迁洛邑,东周时代开始
公元前722年（周平王四十八年）	孔子修订的史书《春秋》由本年开始记事,春秋时代开始
公元前679年（周厘王三年）	齐桓公称霸
公元前651年（周襄王元年）	齐桓公葵丘会盟,完成霸业
公元前643年（周襄王九年）	宋襄公迎接公子昭即位,称霸一时
公元前636年（周襄王十六年）	公子重耳流亡十九年后回国即位,即晋文公
公元前632年（周襄王二十年）	楚晋城濮之战,晋文公会盟称霸
公元前624年（周襄王二十八年）	秦穆公打败晋国,称霸西戎
公元前597年（周定王十年）	楚庄王一鸣惊人,称霸中原
公元前579年（周简王七年）	晋楚第一次弭兵之会

续表

公元前546年（周灵王二十六年）	晋楚等国第二次弭兵之会
公元前496年（周敬王二十四年）	越王勾践即位，大败吴王
公元前494年（周敬王二十六年）	吴王夫差打败越王
公元前473年（周元王四年）	越王勾践卧薪尝胆，发愤图强后灭亡吴国